100 anos de
Carnaval
no Rio de Janeiro

Haroldo Costa

Nº Cat: 33 - L

Irmãos Vitale S/A Indústria e Comércio

Dados Internacionais de Catalogação na Publicação (CIP)
(Câmara Brasileira do Livro, SP, Brasil)

Costa, Haroldo
100 anos de carnaval no Rio de Janeiro / Haroldo Costa. -- São Paulo : Irmãos Vitale, 2001.

1. Carnaval - Rio de Janeiro - História I. Título

01-0269 ISBN 85-7407-116-1
ISBN 978-85-7407-116-9 CDD-394.2508153

Índices para catálogo sistemático:
1. Rio de Janeiro : Carnaval : História
394.2508153

CRÉDITOS

Projeto Gráfico e Capa
Marcia Fialho

Ilustração da Capa
Lan

Fotos e ilustrações internas
Arquivo pessoal Haroldo Costa
e acervo Irmãos Vitale
Agradecimento ao arquivo
do Museu da Imagem e do Som

Revisão de texto
Claudia Mascarenhas

Produção executiva
Fernando Vitale

À Carmen Marinho,
última porta estandarte
do Ameno Resedá
e primeira da família.

SUMÁRIO

(SAMBA
EU GOSTO DO CARNAVAL
Letra e musica de
HEITOR PRASERES
(LINO)
ADAPTAÇÃO DE
ALBERICO DE SOUSA
Rs. 2.000
CASA VIEIRA MACHADO
F. A. Pereira
Rio de Janeiro.
Rua do Ouvidor No 179

PREFÁCIO

Carnaval de verdade

Custou mas, aos poucos, os intelectuais brasileiros foram descobrindo o Carnaval, principalmente as Escolas de Samba. A partir daí são artigos, ensaios, estudos, monografias, teses. Há, de fato há, alguma coisa boa, observações bem feitas, conclusões inteligentes. Na maioria, entretanto, é muita besteira, muita bobagem. Alguns antropólogos tidos ou ditos renomados escrevem algumas barbaridades, absurdos, teorias sem o mínimo de vivência ou real entendimento.

Haroldo Costa é um intelectual de primeira linha: culto, inteligente, sensível. Mas Haroldo não descobriu o Carnaval. O Carnaval é parte de Haroldo desde muito jovem. Os homens do Carnaval, os que fazem, os que gostam, os que brincam, os que trabalham são todos íntimos de Haroldo. Amigos, parceiros, companheiros. Haroldo gosta tanto de Carnaval que casou com Mary, deslumbrante passista, dançarina, sambista.

Por tudo isto, Haroldo Costa nos apresenta, agora, Cem anos de Carnaval no Rio de Janeiro. Este não é o primeiro livro do autor. São dele algumas das melhores histórias sobre Escolas de Samba, principalmente o excelente Salgueiro: Academia do Samba.

Agora, o autor tira o foco do samba e mergulha fundo numa visão geral do Carnaval como um todo.

Desde os primórdios do entrudo, lá por 1723 até aos mega-desfiles das escolas de samba, tal como são hoje, para alguns o "maior espetáculo da Terra", para outros "uma festa inautêntica, em plena decadência, caminhando para o fim" (as duas antíteses são exageradas) está tudo aqui.

Personagens, temas, assuntos, manifestações. Nada ficou esquecido. Zé Pereira, Chiquinha Gonzaga, Clóvis Bornay, baile do High Life, Evoé Momo, sambas, marchinhas, blocos, frevos, o ano em que queriam adiar o Carnaval, afoxés, bandas, principalmente a de Ipanema. E muito mais.

Tudo nos é mostrado por Haroldo Costa, de maneira clara e erudita, falando do que conhece e muito.

Nós, os mais antigos, trazemos ao coração grandes alegrias, grandes emoções, grandes decepções vividas em nossos muitos carnavais. E, por testemunho, sabemos que Haroldo está dizendo a verdade.

Os mais jovens poderão aprender, em fonte fidedigna, o que é, o que foi o Carnaval.

O livro é uma contribuição importante para a cultura brasileira.

Carlos Lemos

Capítulo 1

E viva o
Zé Pereira!

Como terá sido a virada do século XIX para o século XX no Rio de Janeiro? Um articulista do jornal O Paiz do dia 4 de janeiro de 1901 escreveu o seguinte:

"Confesso que estranhei este bom povo carioca na noite de São Silvestre. Os que se deixaram em casa, repimpados na cadeira de balanço em frente à janela, aberta de par em par, vendo lá do alto, de vez em quando, espreitar de dentro de seu capuz nevoento o olharzinho brilhante de uma estrela, devem estar com remorso desta imperdoável preguiça. É tão bom ver alegre quem habitualmente está sorumbático.

Porque, amigos meus, o nosso maior mal hoje é a terrível, a negra, a depressora melancolia."

Depois de registrar e comentar o fato dos teatros, restaurantes e circos andarem vazios, diz:

"Felizmente nesta santa noite de fim de século a jovialidade nacional renasceu, estridulou e por ruas e praças todas iluminadas, todas cheias de povo, dir-se-ia uma grande festa, um imprevisto carnaval, com os bondes apinhados, os carros abertos, onde ardiam fogos de bengala, as bandas de boêmios com violas, moças em mantilha, caminho das igrejas, olhos e lábios rimando, na noite quente, uma estrofe de graça e ternura...

Noite feliz, noite querida, inolvidável noite. Pobre de quem não te viu, não te gozou e não te compreendeu."

O que se pode deduzir é que a entrada do século XX não teve a mobilização que sempre se espera numa ocasião dessas. Como aconteceu na passagem para o século XXI, que começou mesmo um ano antes. O que se pode constatar, no entanto, é que a explosão popular aconteceu com espontaneidade, muita alegria... carnavalescamente.

No início dos anos 10 do século passado, o carnaval ia consolidando algumas características que depois se tornaram definitivas neste processo de mutação constante pelo qual continua passando a nossa principal festa popular.

O entrudo, que aqui chegou trazido pelos portugueses e, segundo consta em 1723, por imigrantes das ilhas da Madeira, Açores e Cabo Verde, tinha sido proibido por diversas portarias, alvarás e avisos oficiais publicados em 1784, 1818, 1857, 1879 e 1885, quando já estava dando os últimos suspiros, mas não se entregava. A brutalidade do entrudo foi registrada por vários órgãos de imprensa e no testemunho de viajantes e cronistas. O limão-de-cheiro era a grande arma da "brincadeira", se assim se poderia chamar. O limão era artesanal, produzido por famílias inteiras que se dedicavam à fabricação durante várias semanas. Feito de cera, tinha o tamanho de uma laranja e dentro levava um líquido que poderia ser água ou urina. As pessoas jogavam umas nas outras e na batalha entravam também polvilho, cal, alvaiade, pó-de-mico e outros de várias cores. Houve, porém, uma época em que alternativas entraram em jogo, algumas até inesperadas, como encher bisnagas com groselha, vinho Bordeaux e até vinagre, o que não causava dano maior em quem era o alvo.

O entrudo – gravura de Debret, 1830

Os negros escravos participavam do entrudo como mão-de-obra – além de confeccionar os limões eles também provinham a água para encher as tinas que eram viradas dos sobrados sobre os transeuntes incautos. Eram latas e latas d'água, enchidas nas bicas e cacimbas, desperdiçadas durante três dias e numa época em que sempre faltava água na cidade. Não obstante essa participação coadjuvante no entrudo era para os escravos que sempre sobrava o rigor da lei. Veja só este edital que foi publicado em 1857:

"O Dr. Antônio Rodrigues da Cunha, cavaleiro das ordens de Cristo, Imperial a Rosa e Real Conceição da Vila Viçosa, 2° delegado da polícia da Corte, por S. Majestade o Imperador que Deus guarde etc.: Faço saber aos que o presente edital virem que se acha em execução a seguinte postura:

Tít. 8° § 2 – Fica proibido o jogo do entrudo dentro do município; qualquer pessoa que o jogar incorrerá na pena de 4$ e 12$, e não tendo com que satisfazer sofrerá oito dias de cadeia caso seu senhor não o mande castigar no calabouço com cem açoites, devendo uns e outros infratores ser conduzidos pelas rondas policiais à presença do juiz, para os julgar à vista das partes e testemunhas que presenciarem a infração. As laranjas do entrudo que forem encontradas pelas ruas ou estradas serão inutilizadas pelos encarregados das rondas. Aos fiscais com seus guardas também fica pertencendo a execução da postura. E bem assim fica proibido das 10 horas da noite até 4 da manhã andarem indivíduos pelas ruas da cidade com máscara, sendo os infratores presos e punidos com a pena de desobediência. E para que chegue à notícia de todos, mandei publicar o presente edital. Rio, 14 de fevereiro de 1857. E eu, Antônio Joaquim Xavier de Melo, escrivão de polícia, o subscrevi."

O que também deve ser registrado é que o Imperador D. Pedro I apreciava o entrudo, tendo até passado para o seu filho o entusiasmo pela condenável brincadeira. Segundo o relato de Viriato Corrêa, "apesar de toda a sua austeridade, D. Pedro II servia-se dos limões-de-cheiro e das bacias d'água para "brincar" o entrudo na Quinta da Boa Vista". Citando Henri Raffard, Viriato escreveu que "nos primeiros dias da maioridade, nosso segundo imperador molhava tanto as irmãs que, certa vez, D. Maria Antônia lhe pediu que não continuasse a brincadeira, para que as princesas não adoecessem".

Esta aparente liberalidade dos imperadores não impediu que no carnaval de 1825 a atriz portuguesa Estela Sezefredo, então com 15 anos de idade e que depois seria a esposa de João Caetano, fosse presa e registrada na cadeia de Aljube, por ter atirado um limão-de-cheiro numa das pessoas da comitiva de D. Pedro I.

Efetivamente o entrudo era resistente e atravessou o século. Levemente abrandado mas ainda provocando alguns estragos porque os limões-de-cheiro em vez de cera passaram a ser de borracha. O Prefeito Pereira Passos, em 1904, empenhou-se até junto às escolas públicas e particulares para que os professores aderissem à campanha anti-entrudo. Já que os mais velhos não desistiam, o negócio seria, talvez, ganhar a consciência dos mais novos.

Paralelo ao entrudo havia a figura do Zé Pereira, surgida no carnaval de 1846 e que transformou-se no arauto da festa. O português José Nogueira de Azevedo Paredes, que abrira uma oficina de sapateiro à Rua São José número 22, saudoso das romarias e das festanças lusas, no sábado de carnaval daquele ano, reunido com alguns patrícios e depois de generosos copos de vinho e aguardente, alugou alguns zabumbas e tambores e saíram fazendo algazarra pelas ruas vizinhas.

O sucesso foi tamanho que, no ano seguinte, pequenos grupos munidos de tambores e latas saíram às ruas em imitação ao Zé Pereira, mas faltava-lhes a carismática presença do José Nogueira, que perdeu o sobrenome mas ganhou a fama e a gratidão dos carnavalescos a partir dali. Temos que recorrer a Vieira Fazenda para uma descrição fiel dessa figura que tornou-se um marco :

"Carão amorenado e simpático, olhos brejeiros, bigode curto e grisalho, cabelo todo branco e à escovinha, barba escanhoada, altura regular, ombros e cadeiras largas, peito cabeludo, musculatura de atleta, sempre em mangas de camisa, calça de brim pardo apertada ao amplo abdômen por estreita correia, negação ao suspensório, chinelos de liga, vendendo saúde, sadio e robusto sem nunca ter tomado um remédio."

Que pinta era o lusitano.

Além do mais, o nosso José Nogueira batia bombo com competência e precisão. Foi, sem dúvida, o precursor do surdo de marcação, hoje o instrumento-base das baterias de escolas e blocos. Sua popularidade era de tal ordem que a Companhia Teatral de Jacinto Teller, que fazia temporada no Teatro Fênix no início de 1870, montou a revista intitulada Zé Pereira Carnavalesco, onde o ator Francisco Correia Vasques cantava a paródia da marcha francesa "*Les pompiers de Nanterre*" ("Os bombeiros de Nanterre"), com os seguintes versos que perduram até os nossos dias:

E Viva o Zé Pereira
Pois que a ninguém faz mal
Viva a bebedeira
Nos dias de carnaval!
Zim, balada! Zim, balada!
E viva o carnaval!

Segundo a escritora Eneida, que teve a alegria de conhecê-lo já no final da vida, ele assistiu ao espetáculo de estréia a convite dos produtores e chorou compulsivamente quando se viu retratado no palco com seus trajes e seu bombo. Não dormiu por muitas noites. Era a glória. Que apenas começava...

"Viva o Zé Pereira" deu início à trajetória da música de carnaval no Rio de Janeiro. De maneira informal, a todos pertencendo, sendo a alternativa às polcas, *schottisches* e valsas francesas dançadas nos bailes de hotéis e clubes. Era o carnaval do pobre, do povo pobre, que fazia o seu baticum com qualquer tambor ou lata vazia.

O carnaval de 1901 marcou também a consolidação da primeira música que foi feita expressamente para o carnaval. Dois anos antes, inspirada pelo cordão Rosa de Ouro, que ensaiava perto de sua residência no bairro do Andaraí, a maestrina e compositora Francisca Edwiges Gonzaga do Amaral, para todo o sempre Chiquinha Gonzaga, compôs em andamento de marcha "Ó abre alas".

> Ó abre alas !
> Que eu quero passar
> Eu sou da lira, não posso negar!
>
> Ó abre alas
> Que eu quero passar
> Rosa de ouro
> É quem vai ganhar!

Do âmbito restrito das ruas do Andaraí onde o cordão desfilava, a marcha foi-se espraiando por outras ruas e outros bairros, ganhando os ouvidos e as bocas da cidade, transformando-se num hino. "Viva o Zé Pereira" era o ruído, a percussão, a bagunça, embora sadia. "Ó abre alas" era a poesia, o lirismo, a melodia. Mas as duas conviveram em harmonia. E foram adotadas pelas ruas e pelas sociedades carnavalescas. Este foi um dos capítulos básicos da história do nosso carnaval.

Capítulo 2

As sociedades vão passar...

Grupo de travestis "As Marrequinhas" no Clube dos Democráticos, 1913

É consenso geral entre os vários historiadores que o primeiro clube, logo chamado de sociedade, surgido no Rio de Janeiro foi o Congresso das Sumidades Carnavalescas, que desfilou com oitenta sócios no carnaval de 1855. Entre eles estava o escritor José de Alencar, então com 26 anos de idade, carnavalesco convicto como se pode perceber na crônica que ele escreveu para a Gazeta Mercantil e publicada no dia 14 de janeiro daquele ano:

"Muitas coisas se preparam este ano para os três dias de carnaval. Uma sociedade criada no ano passado e que com já perto de oitenta sócios, todos pessoas de boa companhia, deve fazer no domingo a sua *grande promenade* pelas ruas da cidade.

Na tarde de segunda-feira, em vez do passeio pelas ruas da cidade, os máscaras se reunirão no Passeio Público e aí passarão a tarde como se passa uma tarde de carnaval na Itália, distribuindo flores, confete e intrigando conhecidos e amigos."

O desfile foi prestigiado pela família imperial e teve como abertura uma banda marcial vestida com uniformes dos cossacos da Ucrânia, segundo Melo Morais Filho no livro Festas e Tradições Populares do Brasil. O sucesso foi de tal monta que os jornais abriram manchetes e colunas onde o mínimo que se dizia era: "Registrou-se a maior transformação do carnaval fluminense e que o tornou célebre e rival do carnaval de Nice, Veneza e Roma. Saiu o primeiro préstito das Sumidades Carnavalescas."

Esta observação do jornalista foi premonitória. Várias sociedades foram sendo fundadas durante a metade final do século XIX e prosseguiram sua trajetória até a primeira metade do século XX. Na verdade foi um século de atuação vigorosa, renovadora e contundente. Da mesma maneira como se formavam, fragmentavam-se e dali surgiam outras com o mesmo ímpeto e o mesmo propósito: acrescentar alegria e beleza ao carnaval do Rio de Janeiro.

Os rapazes das Sumidades um dia se desentenderam e fizeram dois clubes: a Euterpe Comercial e os Zuavos Carnavalescos. O primeiro era essencialmente musical, seus integrantes tocavam clarinetes, violinos e flautas. Fora da época carnavalesca organizavam movimentados saraus em sua sede, e nos três dias de folia saíam tocando e cantando trechos operísticos. Um sucesso. No segundo, quando houve a cisão, uns aderiram à Euterpe, dali nascendo os Tenentes do Diabo, e outros fundaram os Infantes do Diabo. Infernal.

Dos Infantes, depois do carnaval de 1868, saíram os Fenianos e o Congresso dos Fenianos. Antes, em 1867, tinha sido fundada a sociedade Democráticos Carnavalescos, que depois adotou o nome definitivo de Clube dos Democráticos. No primeiro carnaval do século XX só duas sociedades ou grandes sociedades, como se auto-intitularam, desfilaram: Fenianos e Democráticos. O cortejo tinha o seu ponto alto na Rua do Ouvidor, estreita como é ainda hoje, mas por onde os carros alegóricos conseguiam passar e o numeroso e animado público conseguia assistir e aplaudir.

Os Fenianos e os Democráticos eram conhecidos como Gatos e Carapicus. Quer saber por que? O numeroso grupo de gatos que existia na sede dos Fenianos fez com que o pessoal dos Democráticos desse o apelido. Por sua vez, eles alcunharam os detratores de carapicus, que é uma espécie de sardinha que gato adora comer.

Pecai, pecai à vontade
Que é bom demais o bocado!

Estes eram alguns dos versos que os Fenianos cantavam naquele carnaval de 1901 na Apologia ao Pecado, onde os carros ornados com flores e lindas mulheres faziam a loucura dos que assistiam ao desfile. Luiz Edmundo, no seu insuperável livro Rio de Janeiro do Meu Tempo nos dá uma preciosa descrição das mulheres que se apresentavam com "os corpos mal velados por *maillots* de finíssimas e transparentes sedas". Disse ele :

"Entre as que assim se exibem uma há, Vênus americana, que a todas sobrepuja. Eva querida, dos mais formosos e mais perfeitos corpos humanos que já viu o Brasil. Chama-se Aurora Rozani e é uma rapariga fresca de 20 a 22 anos. Manda-se buscar Aurora onde estiver: no Rio Grande, no Pará ou na China, só para dar com sua notável plástica, brilho e glória a esse Carnaval de rua. E Aurora, pressurosa, vem de longe, correndo, voando para trepar pelos plaustros que a reclamam. E esplêndida e despida – no triunfo imortal da carne e da beleza – mostra-se exaltando a multidão que, ao vê-la, quase enlouquece de alegria e prazer: Aurora ! Aurora ! Aurora !"

Pelo que se depreende da narrativa entusiasmada de Luiz Edmundo, Aurora arrasava. Só não fechava o comércio porque este já estava fechado por ser carnaval, mas deixava a mocidade louca, como naquele samba de Geraldo Pereira. Para melhor compreensão do texto, permita-me esclarecer que "trepar pelos plaustros" quer dizer "subir nos carros abertos".

As grandes sociedades sempre privilegiaram mulher bonita e crítica política, e assim foi até o seu desaparecimento na década de 90, quando deixaram de desfilar. Uma morte anunciada a partir dos anos 50, no mesmo momento em que as escolas de samba começavam a impor o seu prestígio e importância no carnaval carioca.

Mas não era só das alegrias carnavalescas que esses clubes viviam. Muitos jamais se furtaram a praticar ações humanitárias, sociais e anti-escravagistas. Os Tenentes do Diabo, que saíram à rua pela primeira vez em 1867, apresentaram um carro intitulado A Orfandade, com moças pedindo óbolos para o Asilo dos Inválidos da Pátria e a Caixa de Socorro Dom Pedro II. A sociedade Estudantes de Heidelberg, formada por jovens universitários admiradores da cultura alemã e que teve curta duração como tantas outras, em 1876 convidava para sua sede, que eles chamavam de universidade, para saírem às ruas a fim de esmolarem para comprar a alforria de um menino escravo que salvara de morrer afogada na praia de Icaraí uma menina chamada Corina. Muitos escravos foram libertados por iniciativas como esta.

Os Tenentes do Diabo, por exemplo, em 1864 deixaram de fazer seu carnaval de rua para aplicar o dinheiro na compra da liberdade de 12 escravos. Quintino Bocaiúva, José do Patrocínio, João Clapp e Ferreira de Araújo faziam parte do quadro social dos Tenentes e lá, juntamente com outros abolicionistas, realizavam reuniões com a finalidade de traçar estratégias para a luta contra a famigerada escravidão. E tem mais, os libertos participavam dos préstitos, numa demonstração do espírito democrático dos clubes.

No carnaval de 1889, os Fenianos desfilaram como uma esplêndida alegoria à Lei Áurea e distribuíam estes versos :

Venceu-se finalmente a tremenda campanha
Maio, o divino mês, deu-nos a abolição !
A luz de um novo sol detrai a nódoa estranha
Que há três séculos manchava o nosso pavilhão!

A Pátria ressurgiu de um morno alento
Na vitória final que honrou a Humanidade
Somos um povo livre! Olhai! Neste momento
Cobre esta grande terra o Sol da Liberdade !

Democráticos - Carro de crítica

Curiosa cidade a nossa, que transformou o carnaval num bastião da luta pela liberdade e os direitos humanos.

Os Fenianos tinham este nome em homenagem aos soldados fenianos, irlandeses católicos que de 1865 a 1869 lutaram para libertar-se do jugo inglês, o que continuam fazendo até hoje. É a historiadora Mariza Lira quem faz a afirmação, "tanto que o primeiro estandarte-chefe teve o nome de Ralph, em homenagem ao chefe dos que sonhavam tornar-se livres. Até o vermelho e branco que eles adotaram eram as cores dos distintivos daqueles revolucionários".

Voltando aos Tenentes do Diabo, vale lembrar que eles foram o mais antigo clube carnavalesco da cidade. Fundado antes das Sumidades, só se apresentou às ruas no carnaval de 1867. E por que se chamavam assim? Conta Melo de Morais Filho:

"Os Zuavos, supondo que o fogo (foi o primeiro incêndio que os Tenentes sofreram) se havia declarado em casa de um dos sócios, para lá correram e, com seu uniforme carnavalesco, auxiliando o corpo de bombeiros, portaram-se com a maior valentia.

Extinto o incêndio, levantaram-se para eles as labaredas do prestígio. Novos sócios entraram; o entusiasmo aviventou-se, e não longe deste batismo de fogo, que lhes consagrou o nome, recebem na crisma de Momo o de Tenentes do Diabo."

Tudo bem. Mas em entrevista a Eneida, Marques Júnior, que foi presidente do clube em várias gestões, contou outra história. Lá vai:

"Anualmente, por ocasião da assembléia geral, a diretoria enviava para discussão e aprovação uma lista contendo os nomes dos sócios que se tivessem distinguido durante o ano para a competente promoção a *Tenente* (o grifo é nosso), título máximo permitido pelos estatutos. Em 1861, porém, a lista com a relação dos sócios merecedores da promoção foi fortemente combatida por vários elementos da assembléia, estabelecendo-se acalorada discussão e, conseqüentemente, tumulto, obrigando o presidente da mesa a suspender a sessão por alguns instantes, não sem antes, indignado e nervoso, ter gritado: 'Vão todos ser tenentes do diabo!' Serenados os ânimos e reaberta a sessão, foi então, ainda sob o efeito da frase do presidente, deliberado, debaixo da mais viva alegria, que o nome da entidade mudaria para Euterpe Comercial Tenentes do Diabo. Euterpe Comercial porque, naquele tempo, o clube era constituído somente por destacados elementos do comércio; e possuía uma famosíssima banda de música. Em 1904, quando de sua reorganização, já sem a célebre banda de música e com o quadro social aberto a todas as classes, ficou definitivamente denominado Clube Tenentes do Diabo, que guarda até hoje."

Fazendo jus ao nome, ele sempre esteve envolvido com fogo, incêndio foi o que não faltou em sua longa vida. O último aconteceu em 1957, provocado por um curto-circuito, quando comemorava 102 anos, na sede que ficava à Rua Visconde de Maranguape, no bairro da

Lapa. Felizmente, tal como nas outras vezes, não aconteceu nada de trágico a não ser a perda de alguns objetos de arte, estandartes pintados a mão, jarrões de Sèvres e impressos, parte da memorialística do nosso carnaval. Esse último incêndio aconteceu durante o banquete comemorativo e com a disposição e valentia de sempre os baetas acabaram com o fogaréu, e foram tomar um fogo...

Por que também se denominavam baetas? É que àquela época em Portugal usava-se o termo como sinônimo de diabo.

Os Democráticos, Tenentes e Fenianos dominaram a cena carnavalesca carioca por mais de 130 anos. Houve outros, como a Embaixada do Sossego, Pierrôs da Caverna, Clube dos Independentes, Clube dos Embaixadores, Turunas de Monte Alegre, Diplomatas da Tiradentes, sendo este o campeão de 1989, último desfile realizado. Competiam saudavelmente e estabeleceram um padrão criativo que, a bem da verdade, persistiu até os últimos dias.

A terça-feira gorda era o dia de glória das sociedades, nos áureos tempos o desfile era aguardado com ansiedade e expectativa. Sempre havia uma novidade cuidadosamente escondida dos adversários. E no final ecoava pela cidade o canto de despedida :

É hoje só,
Amanhã não tem mais !

Outra modalidade de participação das sociedades era o panfleto poético denominado pufe, palavra originária do francês "*pouf*" que os dicionários definem como "anúncio pomposo". Já devidamente abrasileirado ou carioquizado, os pufes descreviam a beleza dos seus carros nos préstitos, mas também eram utilizados para mensagens de fundo político e reivindicatório. Os autores eram jornalistas e poetas que na maioria das vezes permaneciam no anonimato. Há, no entanto, quem garanta que Olavo Bilac, Emílio de Menezes, Francisco Guimarães (Vagalume) e Mauro de Almeida (Peru dos Pés Frios), parceiro de Donga naquela que é considerada a primeira música rotulada de samba, "Pelo telefone", escreveram inspirados pufes para os Fenianos, Democráticos e Tenentes.

Os pufes eram enormes, tinham versos e mais versos. A título de exemplo, eis aqui alguns trechos. Em 1888, os Democráticos surgiram com este:

Metei a viola no saco
É dos negros a vitória
É deles a imensa glória
Metei a viola no saco
Igualáveis ao macaco
Os pobres pretos, coitados
Dando-lhes paus nos costados
Metei a viola no saco.

Substituindo os puxados a burro, quando os bondes elétricos entraram em uso, saiu este pufe também dos Democráticos:

O burro agora, sem peta
Tem modos, fuma cigarro
Traz casaca e luva preta
E muito grave, de carro
Usa bengala e luneta
E como não andam nus
Nem carro têm de puxar
Levando qualquer lapuz
Homenagem vão prestar
Ao Doutor e à Força e Luz

Atentos a tudo o que acontecia na cidade e no país, os pufes eram a voz desabusada e independente

Fenianos no carnaval de 1923

que transmitia os anseios populares. Inicialmente eram publicados gratuitamente pelos jornais e em certo momento houve até a "guerra dos pufes", onde cada uma das sociedades se esmerava na qualidade e na quantidade dos versos. Quando os jornais passaram a cobrar pela publicação como se fosse anúncio, elas resolveram editar os seus próprios e assim nasceram O Caverna, órgão oficial dos Tenentes do Diabo, que ainda tiveram O Teimoso e A Torneira; O Fantasma, que era dos Democráticos; e O Faísca, dos Fenianos. Eram distribuídos aos associados no período pré-carnavalesco e ao público no dia dos desfiles. Isso durou até 1910, aproximadamente.

As grandes sociedades sem dúvida sedimentaram o carnaval carioca e o seu domínio no início do século XX era muito grande, mas não nos esqueçamos de que havia também os cordões. De geração espon-

O velho - uma das fantasias preferidas no início do século XX.

tânea, eles se formavam nas ruas por sugestão de algum vizinho mais carnavalesco e não pretendiam ter nenhuma estrutura complicada. Era o prazer de brincar, inventando a própria fantasia, reunindo uns instrumentos e saindo pelas ruas do bairro. O som era feito por adufes (pandeiros sem platinelas), cuícas de barrica, reco-recos e chocalhos. O que se cantava eram chulas, marchas lentas, corta-jacas e maxixes conhecidos, e as fantasias variavam muito. Havia uma, porém, que era a grande preferência de homens, mulheres e até crianças: o velho. Muitos usavam máscaras grandes de cabeça careca e nariz adunco, enquanto outros apenas jogavam talco nos cabelos e vestiam uma roupa velha. A canção preferida dizia:

Ó raio, ó sol,
Suspende a lua,
Bravos ao velho
Que está na rua

Acontece que o processo do carnaval é contínuo e, em pouco tempo, os cordões cresceram, disseminaram-se pela cidade e assumiram uma posição de destaque. Os grupos se formalizaram com estatutos, associados, estandartes, etc. Para se ter uma idéia, só em 1902 a polícia licenciou 200. Entre eles estavam:

– Filhos dos Deuses do Paraíso (R. Paula Matos);
– Filhos da Gruta (R. Andaraí);
– Aborrecidos (R. Visconde de Sapucaí);
– Castelo de Ouro da Cidade Nova (R. Presidente Barroso);
– Iaiá me deixa (R. dos Coqueiros);
– Filhos do Chuveiro de Prata (R. General Caldwell).

Nesse ano aconteceu um episódio lamentável que ficou marcado na crônica do carnaval da cidade e foi registrado assim por Luiz Edmundo :

"No domingo, primeiro dia das folganças de Momo, o cordão carnavalesco Filhos da Estrela de Dois Diamantes parte do centro da cidade enchendo um bonde que caminha para Botafogo, batendo pandeiros, raspando reco-recos, dançando, cantando, cheio da mais viva satisfação e de descuido. Quando o veículo da Companhia Jardim Botânico vai dobrar a curva da Rua Marquês de Abrantes para entrar na Praia de Botafogo, é agredido, de surpresa, por vários sócios do Filhos da Primavera, grupo congênere e rival, que aí se plantara de tocaia. É uma refrega estúpida e sangrenta. Os homens batem-se como feras. A faca. A tiro. Rolam aos bolos. Sangram-se. Até as mulheres entram no conflito, que assume proporções de uma feroz batalha. Quando serenam os ânimos, a rua é uma caudal de sangue. Há mortos, e o número de feridos e contusos é enorme.

Na luta, os atacantes, os do cordão Filhos da Primavera, levam enormes vantagens. Quando chega a polícia, chega tarde; já os da Estrela de Dois Diamantes sucumbem ao peso de uma maioria preparada. E, apenas lavados em sangue, vociferam.

Vale a pena, no entanto, registrar o que sucede, no dia imediato, pelo enterro das vítimas: Angelino Gonçalves, o Boi, e Jorge dos Santos, sem alcunha carnavalesca.

O caso é, realmente, digno de registro.

Saem os corpos do necrotério, que então se instala no edifício da Faculdade de Medicina, isto à Praia de Santa Luzia, junto à Santa Casa.

Os da Estrela dos Dois Diamantes deixam a morgue organizando o préstito mortuário, com o seu estandarte envolto em crepe, as caixas de rufo teatralmente em funeral, embora os sócios dentro das fantasias as mais escandalosas e berrantes. Os caixões, negros e pobres, vão à frente. A seguir, uma carreta, flores, palmas, coroas e grinaldas. É uma homenagem simples, porém tocante. Desde o préstito, que é numeroso, caminho do Catete. Pelos lugares por onde passa, o povo, reverente, se descobre. As senhoras persignam-se. Rezam. Se a tragédia afligiu toda a cidade! Às janelas das casas chega toda uma multidão de curiosos para gozar o quadro singularmente sombrio e melancólico. Vai o bando lúgubre e silencioso roçando as calçadas do Largo da Glória, quando, súbito, lhe surge pela frente, carregando pendões carnavalescos, caixas de rufos, bombos e tambores, um povaréu enorme, que ondula. São várias agremiações e congêneres que, em peso, querem, também, homenagear os heróicos batalhadores de Momo, no Campo da "Honra" e do "Dever" colhidos na Morte..."

Vários cronistas e pesquisadores de carnaval, entre eles Henrique Fóreis, figura maior do rádio brasileiro e que ficou conhecido como Almirante, em diversas ocasiões se referiram a esse triste acontecimento.

Além das ruas de bairros notadamente da Zona Norte da cidade, os cordões também foram surgindo em alguns morros. Um dos mais conhecidos nessa época foi a Sociedade Carnavalesca, Familiar, Dançante, Beneficente e Recreativa Tira o Dedo do Pudim, sediada no alto do morro da Conceição. O presidente, eleito em assembléia geral, era o Seu Antônio Guimarães, português proprietário de uma loja de petiscos cujo nome era Parreira d'Aquém e d'Além Mar, na Rua da Saúde. Amigo da boêmia, das crioulas, dos batuques e do carnaval, ele estava sempre presente prestigiando os acontecimentos sociais, que podia ser um batizado ou um ensaio. Mesmo porque jamais faltaria vinho do bom, sardinha fresca e bacalhau de primeira.

A imprensa ajudava a animação carnavalesca através das suas seções específicas e reportagens, e da presença de jornalistas importantes nos locais onde a folia reinava. À parte disso, o Jornal do Brasil exibia no seu saguão os estandartes dos cordões oferecendo prêmios para os mais bonitos, e a Gazeta de Notícias, a partir de 1906, promovia concursos e desfiles e anunciava:

"Prêmio do concurso de grupos e clubes carnavalescos (cordões):

Para os 3 primeiros lugares, estandartes feitos de cetim, franjas de ouro e lindas alegorias a óleo. Confeccionados pela Casa Veiga & Irmãos, na Rua do Ouvidor, 69."

As inscrições foram tantas que o jornal se viu obrigado a aumentar os prêmios para mais estandartes e várias menções honrosas.

Em suas páginas a Gazeta conclamava os grupos nos seguintes termos:

"Rapaziada! Preparem-se para o nosso concurso carnavalesco cujas condições serão brevemente estabelecidas.

O Carnaval não tarda.

Dentro de poucos dias teremos o prazer de ouvir os clarins anunciarem os dias consagrados a Momo, bombos rebentando sob a atmosfera de um Zé Pereira retumbante, tambores a rufar fantasticamente, pandeiros chocalhantes a fazerem coro com os guizos – porque o Carnaval se aproxima.

Carnavalescos intransigentes, avante!

É durante o Carnaval que a hipocrisia arranca sua máscara fatídica para se divertir.

É a alegria, a loucura, o delírio que se apodera de cada um dos habitantes desta cidade que se chama corte de São de Sebastião do Rio de Janeiro.

Não há carioca que não espere o Carnaval ansiosamente, o Carnaval ruidoso como só no Rio se sabe fazer.

Os clubes projetam os carros alegóricos que devem apresentar aos olhos da turba; os grupos modestos projetam o itinerário para os dias dedicados aos festejos populares. Nos ateliers dos pintores trabalha-se dia e noite na confecção de estandartes, cada qual mais deslumbrante, cada qual mais artístico. As lojas de fazenda exibem panos próprios para fantasias: belbutinas, arminhos alvos, cetins branco, azul, verde, lilás, escarlate, fazenda estampada representando criaturas engraçadas, etc.

Folia, pessoal, folia!

Evohé, Momo!"

Como se vê, o estilo era rebuscado, no capricho, e reflete até nos anúncios ou reclames, como convinha dizer. A poesia também estava a serviço dos folguedos momescos:

CARNAVAL

Na casa sem rival, sublime do Batista
tudo inspira prazer, durante o carnaval

existe um não sei quê que nos seduz a vista
mais belo que o sorrir da fada sideral.

Ó musa da folia, agita os guizos
pândego Momo, tange o teu pandeiro !
aí vem o carnaval brejeiro
precedido das flâmulas, dos risos !

Do belo carnaval gozemos as folias !
Chegai-vos ao Batista, ó grandes folgazões!
Bigodes ele tem, diversas fantasias
Cabeleiras à mil, bisnagas às porções!
- Praça Tiradentes, 14 e 16 -

Os cordões foram, sem dúvida, o embrião dos vários agrupamentos carnavalescos que existem desde os primórdios. Muitos existiram por muito tempo, outros tiveram vida breve, mas é inegável a força da sua atuação e o seu poder de transformação.

O grande remanescente dos cordões está aí vivo, atuante, adaptando-se às novidades sem perder suas características básicas, aquelas para as quais foi fundado. É o Cordão da Bola Preta.

O Diário Oficial do dia 8 de abril de 1925 publicava:

"Sociedades Civis – Cordão da Bola Preta – Estatutos aprovados em 1° de fevereiro de 1926.

CAPÍTULO I – Do Cordão e seus fins

Art.1° – Cordão da Bola Preta, fundado em 31 de dezembro de 1918, nesta cidade, com sede atualmente à Rua da Glória, 88, é sociedade recreativa e tem por objeto único a tradição dos antigos cordões, primeiros e inesquecíveis agrupamentos típicos do carnaval carioca, proporcionando aos *irmãos* reuniões sociais, isto é, bailes, sessões de música e canto, culto dos sambas, batuques e choros e de leitura de livros, jornais e revistas e demais publicações análogas, de preferência esportivas e instrutivas.

Parágrafo Único – Por isso mesmo cuida de manter a tradição dos primeiros agrupamentos típicos do carnaval carioca, esta agremiação tem o característico título de cordão – título que jamais poderá ser alterado, pois qualquer alteração, seja de que natureza for, implicará na dissolução do Bola Preta.

Art. 2° – As cores distintas do Cordão da Bola Preta são o preto e o branco, só podendo estas, assim como os desenhos de seu pavilhão e escudo, ser modificadas por resolução expressa da Junta Governativa.

Art. 3° – No Cordão da Bola Preta não existem sócios, mas *irmãos*, sendo assim designados por esta última palavra todos os seus componentes."

E, daí em diante, seguem outros capítulos de interesse administrativo. Um tradicional carnavalesco chamado Francisco Carlos Brício, o Chico Brício, muitas vezes presidente do Bola Preta, e fundador juntamente com K. Veirinha (Álvaro Gomes de Oliveira), Vaselina, Pato Rebolão, Fala Baixo e Portela, entre outros, deu o seguinte depoimento ao Correio da Manhã, em 1956:

"Começamos no bar do velho Palace Hotel, dali passamos para a Casa Carvalho, depois para o bar da Brahma. Havia, entretanto, o reduto dos artistas ou o "recanto da inspiração", conforme chamávamos o sobrado do prédio número 88 da Rua da Glória. As festas ali nunca terminavam no mesmo dia. Começavam na tarde de sábado e só pela manhã de segunda-feira tinham fim."

Várias informações levam à certeza de que no "recanto da inspiração" revezavam-se ao piano Ary Barroso e Mário de Azevedo, e Patrício Teixeira ao violão.

Ainda segundo Chico Brício, a designação Bola Preta nasceu por causa de uma garota tão infernal (a expressão é do próprio Brício) que aparecia brincando no Largo da Glória e desaparecia sem que ninguém soubesse como, e que deixou o K. Veirinha louco que a procurava por todos os lados dizendo: "É um pierrô com bola preta".

Durante muitos anos o Cordão viveu numa pindaíba danada. Em 1939, o Chico Brício alugou um salão que ficava em cima de uma fábrica de chocolate na Rua Treze de Maio e sublocou-o para um banqueiro que precisava de um lugar para instalar-se. O jogo então era permitido. E com isso as finanças melhoraram.

Em 1941 o prédio seria demolido e o Cordão foi para a Rua Bittencourt da Silva, onde funcionava O Globo, até que em dezembro de 1949, na gestão Wolney Braune, foi comprado o terceiro andar de um edifício na Avenida Treze de Maio esquina com a Rua Evaristo da Veiga, onde se encontra até hoje.

Conta-se que certa vez o Banco do Brasil, que ocupa as lojas do andar térreo, fez uma proposta para comprar as salas da Bola Preta e a resposta da diretoria foi perguntar ao banco por quanto vendia as lojas.

Com uma permanente programação social durante o ano, o Cordão continua tendo uma grande presença durante o carnaval. Seus bailes são famosos, entre eles o dos Mendigos, que foi freqüentado por Carmem Araújo, a Carminha Rica, Elizeth Cardoso, o cronista e pianista Mário Cabral, e Pixinguinha tocando o seu saxofone. Era servida uma macarronada de respeito.

A alvorada do carnaval, sábado gordo, é a saída dos *irmãos* do Bola Preta, às oito horas da manhã, com seus tradicionais uniformes e cantando o hino que Vicente Paiva e Nelson Barbosa escreveram :

Quem não chora, não mama
Segura, meu bem, a chupeta
Lugar quente é na cama
Ou então no Bola Preta.

Capítulo 3

Máscaras, muitas máscaras

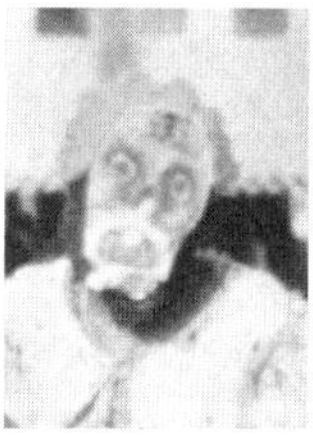

Os clóvis

Difícil entender o carnaval sem máscaras ou fantasias. Sempre foi assim e, com certeza, sempre será. É o reino do faz-de-conta, dos personagens inesperados, da troca de papéis na sociedade e na vida cotidiana. A magia do carnaval sempre se fez presente no binômio máscaras–fantasias.

No carnaval carioca as máscaras chegaram por volta de 1834, pelo que nos informa Adolfo Morales de los Rios Filho no seu livro Rio de Janeiro Imperial, fonte recorrente para estudiosos e pesquisadores. Nas lojas de importados era que se encontrava, a partir do início de janeiro, esses artigos vindos principalmente de Paris. Algumas máscaras eram verdadeiras obras de arte, confeccionadas com material caro e de acabamento altamente profissional. Havia as de cera, veludo, cetim, reproduzindo as máscaras da *comedia dell'arte* e de personagens teatrais que habitavam os palcos franceses e italianos. E com as máscaras vinham as fantasias.

O trio, talvez fosse mais pertinente dizer o triângulo, pierrô, arlequim e colombina, depois que entrou não mais saiu do nosso carnaval. Inspirou músicas como "Pierrô e colombina" (Oscar José de Almeida e Eduardo das Neves – 1915), "Pierrô" (Ernesto Nazaré – 1915), "Pierrô" (Joubert de Carvalho e Pascoal Carlos Magno), "Pierrô apaixonado" (Heitor dos Prazeres e Noel Rosa – 1936), "Pierrô moderno" (J. Cascata e Jaime Barcelos – 1938), "Pierrô" (Wilson Batista, Jorge de Castro e Nicolau Durso – 1955), "Pierrô" (Ary Barroso – 1960), "Máscara negra" (Zé Keti e Hildebrando Pereira Matos – 1967), e as várias fantasias cada vez mais belas e originais de Zacarias do Rego Monteiro, premiado em diversos concursos.

A partir dos primeiros anos dos 1900 apareceram diabinhos, dominós, dançarinas, príncipes, chineses, turcos, tiroleses, pais-joão, ciganas e palhaços. Mas havia também o morcego, que era muito popular e que, segundo se crê, foi criado por um folião do Clube dos

Democráticos e logo proliferou em outros clubes e cordões. O dominó era outra fantasia muito comum nessa época.

Ainda hoje há quem, ao referir-se a uma pessoa caridosa, diga: "Parece irmã Paula".

É que houve no Rio de Janeiro uma irmã de caridade que fundou, à custa de doações e óbolos, o Preventório São Vicente de Paula, na Avenida Mem de Sá, onde continua, para cuidar de enfermos e desabrigados. Seu trabalho beneficente foi reconhecido até pelo Governo, que lhe outorgou uma condecoração.

Nas proximidades do carnaval, e isso teve início também em 1900 e durou muitos anos, a Gazeta de Notí-cias publicava notas sobre um fantasiado de dominó azul, informando que iria às ruas e aos bailes vendendo sonetos muito bem impressos em cartões dourados, e cujo resultado seria entregue para a irmã Paula.

Nunca se soube quem era o anônimo Dominó. Entrevistado por Eneida, que fez a citação no seu livro, Luiz Edmundo, apesar de ter sido autor de versos usados na venda, disse desconhecer a identidade dele.

"– Era um sujeito cacete que vivia amolando a gente, pedindo sonetos que depois vendia por cinco mil réis."

Devia ter algumas posses, porque pagava anúncio nos jornais pedindo aos clubes permissão para entrar nos bailes, o que conseguia até em residências. A Gazeta de Notícias o ajudava, proclamando: "Quem lhe dê para os pobres o décimo do preço de um saco de confete, e que é entretanto o preço de um pão, está ajudando um pobre a comer."

Além do já citado Luiz Edmundo, contribuíram com seus versos Raul Pederneiras, Emílio de Menezes e João Sérgio, para citar apenas alguns. Em 1907, o soneto vendido foi de Múcio Teixeira e, em 1908, num belo cartão dourado era oferecido, e sempre por cinco mil réis, este soneto de Olavo Bilac :

Alegria de Pierrô

Carnaval... Entre risos, a Folia
Doira e ilumina o seio da cidade.
É o reinado do amor, da fantasia,
O alegre ímpeto da Felicidade !

Um momento, senhores... a Bondade
Sempre foi irmã gêmea da Alegria !
Vós que folgais, lembrai-vos da agonia
Dos que vivem na mágoa e na orfandade...

Daí um pouco de amor aos indigentes !
Vós que hoje estais em pleno Paraíso
Entre luzes e músicas e cantos

Mostrai-vos bons que sereis contentes !
Transformai em esmola vosso riso
Matando fomes, enxugando prantos.

Nobre trabalho do Dominó Azul, perdido no tempo, sem identidade, mas que deixou para sempre uma lição de solidariedade e amor ao próximo. Em fevereiro de 1907, O Paíz dizia: "Não esqueçam que o Dominó Azul pede durante estes três dias para os que não podem ter alegria."

Irmã Paula teve no Dominó Azul um aliado eficiente.

Ainda no quesito fantasia não se pode deixar de mencionar os clóvis, que seria o abrasileiramento da palavra *clown*, palhaço em inglês. Quando surgiram é difícil de se precisar, gravuras do século XVII já registram a sua existência em nosso carnaval. O vocábulo não tem singular, porque eles sempre andam em bando, e ainda hoje é fácil encontrá-los na área do grande Rio, especialmente na baixada fluminense. Tudo indica que o bairro de Santa Cruz é a sua base. São uma das tradições remanescentes do carnaval de nossa cidade.

A fantasia dos clóvis parece a mesma sempre mas não é, o colorido e a padronagem dos macacões são surpreendentes. E a cada ano, segundo pesquisa de Hiram Araújo, eles têm que usar roupas diferentes para não serem identificados. No rosto vai uma máscara transparente com um orifício no lugar da boca, onde em geral colocam uma chupeta. Daí serem chamados também de chupetinhas. Outro detalhe indispensável na composição do clóvis é a bexiga de boi, cheia de ar como uma bola de gás, que eles levam atada a uma varinha. Os clóvis fazem o terror das crianças pondo-se a correr atrás delas pelas ruas.

Capítulo 4

O corso

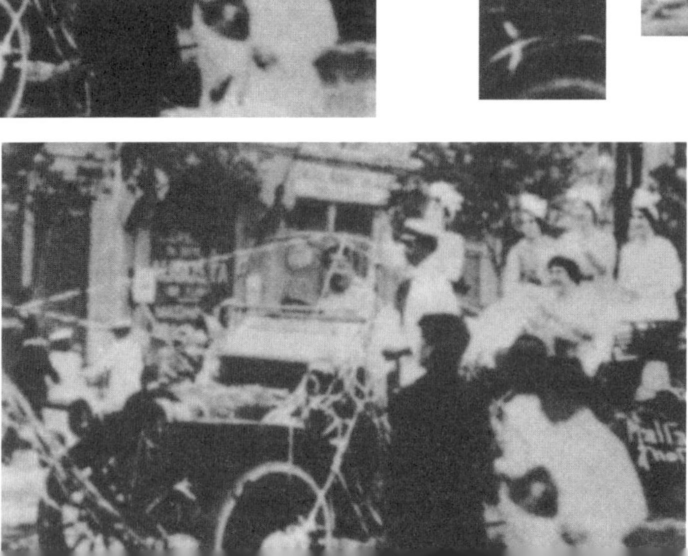

No ano de 1907 aconteceram mudanças estruturais no carnaval do Rio de Janeiro. Com a abertura da Avenida Central, que tirou da Rua do Ouvidor a primazia das lojas elegantes, da *promenade* das madames e dos desfiles dos préstitos, o carnaval passou a ter um novo espaço e nele um novo acontecimento, o corso.

O início dessa nova atividade carnavalesca tem dia e hora conhecidos. No dia 1° de fevereiro daquele ano, às 17 horas, as filhas de Afonso Pena, então presidente da República, acompanhadas pelo secretário da presidência Eduardo Veiga, atravessaram a avenida em carro aberto, indo para o prédio da Comissão Fiscal das Obras do Porto, de onde a família presidencial assistia o povo se divertir. Estimulados pelo exemplo que vinha de cima, outras famílias em seus carros, e ainda não havia muitos no Rio, fizeram o mesmo percurso jogando entre si não mais os abjetos produtos do entrudo, mas sim as novidades que eram serpentinas, confetes e o revolucionário lança-perfume.

Capítulo 5

Serpentinas, **confetes**, lança-perfumes

Na verdade, as serpentinas já eram velhas conhecidas dos cariocas. Chamadas "fitas serpentinas",consta que foram inventadas por um comerciante francês para uma bailarina chamada Loie Fuller, que teria inventado a "dança da serpentina" num cabaré parisiense.

Os confetes, por sua vez, tinham prestígio na festa desde o final do século XIX. Havia casas que comercializavam artigos de carnaval que em 1896 já importavam mais de cem mil sacas. Um ano depois surgiu o confete de ouro, muito mais caro, mas fazendo um sucesso tremendo entre os galanteadores de plantão. Atirar um punhado de confetes dourados sobre a cabeça de uma mulher era um gesto cheio de intenções. E que às vezes dava certo.

Houve até confete perfumado.

Resta esclarecer uma dúvida. O confete era italiano de origem ou francês ? Nem uma coisa, nem outra. Temos que nos valer, mais uma vez, das informações de Adolfo Morales de los Rios: "O nome confete que temos adotado, porque com ele batizaram os industriais parisienses os vistosos papelinhos hoje tão vulgarizados, denotaria uma origem italiana que esses minúsculos papéis não têm. Os *confetti* italianos são muito diferentes dos nossos. Aqueles são pequenas balas de gesso, do tamanho de uma ervilha até o de um grosso grão-de-bico de Castela. É o projétil legalmente autorizado na batalha carnavalesca romana. Armados de raquetes, os batalhadores de ambos os sexos lançam-se uns aos outros os projéteis."

Esta espécie de confete feria o rosto e emporcalhava a roupa das pessoas, tanto que os romanos inventaram a *ramina*, máscara de arame parecida com essas que os esgrimistas usam, para proteger a face. Mas, finalmente, onde surgiram os confetes? Na Espanha, diz Los Rios:

"Com efeito, há mais de trinta anos[1] conhecemos em Cádiz esse divertimento que ali é conhecido pelo nome *papelillos* (papeizinhos), e não temos conhecimento, senão naquela cidade andaluza, do emprego de papeizinhos nas festas de carnaval."

Conta ainda que, durante o ano inteiro, famílias pobres se dedicavam a cortá-los com tesouras, e eram vendidos durante o carnaval. Quando um comerciante parisiense viu por acaso aqueles papéis recortados e a alegria que proporcionavam, imaginou logo fabricá-los em escala industrial. A partir dali o mundo foi inundado pelos papeizinhos picados, chegando ao Brasil com o nome de *confetti* – plural italiano de *confetto* - e depois simplificado para confete, como registra o Aurélio[2].

O lança-perfume apareceu no carnaval em 1906, mas teve o seu auge no ano seguinte. Herdeiro das bisnagas dos tempos do entrudo, o lança-perfume fez a delícia dos foliões. A brincadeira mais freqüente era acertar o fino e frio jato nas pernas, no colo e na nuca das mulheres, ou nos olhos, que tanto fazia ser de homens ou mulheres. E como ardia! Era uma mania tão grande que a imprensa fez campanha contra, a Saúde Pública advertiu dos males que poderia causar aos olhos, a polícia proibiu, mas, tal como acontecera com o entrudo, foi em vão. Mal sabiam que 55 anos depois o Presidente Jânio Quadros, através do Decreto-Lei nº 55.786 de 22 de fevereiro de 1965, conseguiria proibir a venda e o uso do lança-perfume.

E que mais 39 anos depois se podereria adquiri-lo pela internet.

O consumo era gigantesco. Com um lança e um lenço o carnaval estava feito. Em 1911, os jornais informavam que tinham sido gastos pela população mais de 5.000 contos de réis, soma considerável na época. A

---

1. O autor deve estar se referindo a 1870.
2. HOLANDA, Aurélio B. de. *Dicionário da língua portuguesa.*

Rodo, fábrica dos lança-perfumes, situada na Suíça, recebia pedidos do Brasil de tal magnitude que resolveu mandar um gerente para assistir ao carnaval do Rio. Numa entrevista à Gazeta de Notícias, o Sr. J. A. Perrin exclamou a sua estupefação: "Um povo que faz um carnaval como este, é o povo mais alegre do mundo." Alguns anos depois, no lançamento do lança-perfume Rodo metálico, a primeira cidade a recebê-lo foi o Rio de Janeiro.

Entre o desenrolar das serpentinas coloridas, dos esvoaçantes confetes e os esguichos dos lança-perfumes, os carros com as capotas arriadas, apinhados de moças e rapazes com as mais diversas fantasias, faziam o corso pela Avenida Central indo até a Avenida Beira-Mar. Outro fato marcante no carnaval de 1907 é que, graças à introdução da *clicherie* na imprensa brasileira, o jornal O Paíz publicou fotos dos carros alegóricos das sociedades. Imagine a revolução que foi.

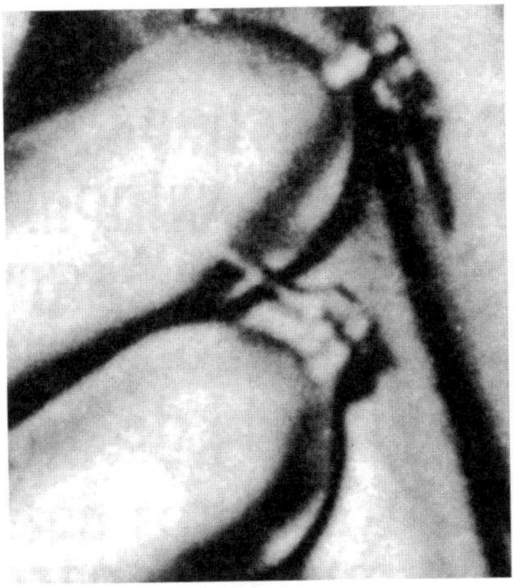

Capítulo 6

Batalha de confete

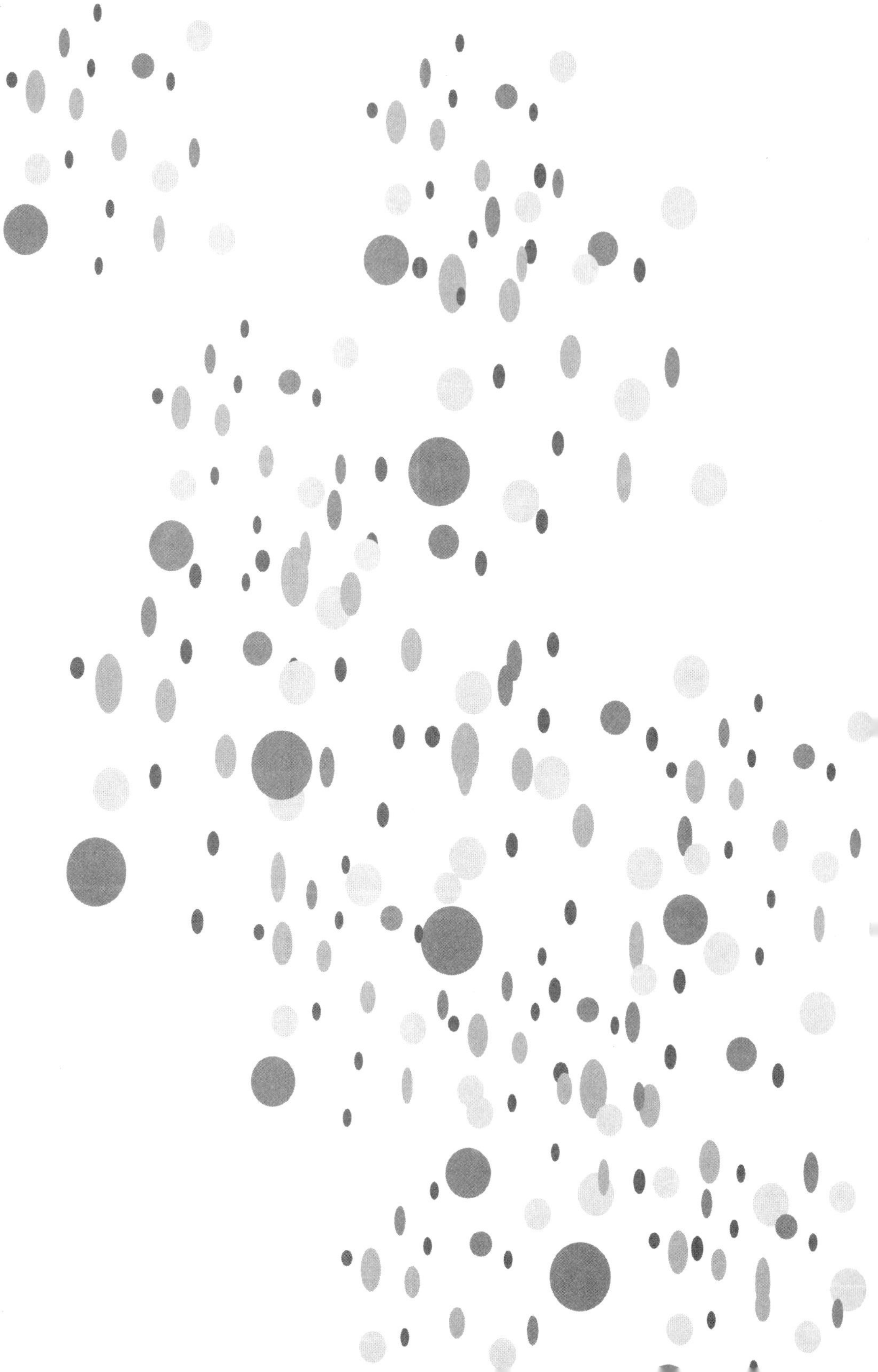

Um dos grandes fatores de animação do período pré-carnavalesco foi a batalha de confete, e a primeira nasceu de uma idéia da Gazeta de Notícias, em 1907. No dia 26 de janeiro saía o seguinte texto: "É clássico no carnaval europeu derivarem os divertimentos carnavalescos das máscaras para uma batalha de flores. Aqui no Rio, onde temos um parque como o da Aclamação e avenidas como a Central e a Beira-Mar, lindas e grandes, quase se torna impossível realizar uma batalha de flores, porque estas custam os olhos da cara, como se diz pitorescamente.

Como conciliar, portanto, os preços exorbitantes das flores à necessidade que há de acrescentar ao carnaval dos préstitos luxuosos, dos cordões e das máscaras avulsas, uma mota interessante, inédita e elegante? A Gazeta de Notícias que, modéstia à parte, tem concorrido bastante para tirar a monotonia do viver carioca, promovendo festas essencialmente populares, resolveu o problema satisfatoriamente, organizando uma festa essencialmente popular, com fim filantrópico."

E a matéria seguia por aí, exaltando a idéia do jornal e as vantagens do confete: "O confete é bárbaro. O confete é distinto, é lindo. Não magoa nem exaure as bolsas. E enfeita. É assim uma brincadeira inocente e distinta. "

O jornal, com o peso do seu prestígio, convidou um grupo de pessoas importantes para patrocinar o evento, entre elas o coronel Benjamim Souza Aguiar, comandante do Corpo de Bombeiros, Dr. Júlio Furtado, inspetor geral de matas e jardins, Dr. Oliveira Passos, comendador Luís Liberal, Oto Raulino e Salvador Santos.

Por unanimidade, esta comissão resolveu: "A batalha de confete será na Avenida Beira-Mar, na enseada de Botafogo, no trecho compreendido entre o quiosque mourisco e a estátua do Almirante Tamandaré, segunda-feira, das 16 às 20 horas." A área da batalha seria cercada: dentro do local para brincar, os pedestres pagariam 1$000[1]; carros e automóveis "sem lotação fantasiada", 10$000; os mesmos, tendo pelo menos "metade da lotação fantasiada", 5$000; cavalheiros, 5$000. A comissão proibiu a entrada de tílburis, de pessoas que "não sejam julgadas convenientes", de sociedades ou grupos para não desvirtuar a feição essencialmente popular. Também os carros portando publicidade, ou reclames, como era mais apropriado dizer, não poderiam concorrer a prêmios, pagando o ingresso no valor de 200 mil réis.

Dá para perceber que era uma festa organizada, prevenindo excessos, além do que dava três prêmios:

1° lugar: para o carro ou automóvel que conduzisse as mais luxuosas fantasias de adultos;

2° lugar: para as fantasias espirituosas;

3° lugar: para o grupo de crianças mais bem fantasiadas.

As menções honrosas, caso houvessem, seriam distribuídas pela comissão julgadora.

Depois da batalha um baile de máscaras - *bal masqué* - seria realizado no Pavilhão de Regatas do Botafogo, com entrada custando 3$000 e cuja renda seria revertida em favor de instituições de caridade.

Parte da imprensa carioca (A Notícia, O Paíz, Jornal do Brasil, Diário de Notícias, Jornal do Comércio) apoiou a iniciativa, discordando apenas num item: achava que a entrada deveria ser gratuita. A Gazeta retrucou, dizendo que de graça não faria fundos para distribuir pelas organizações carentes. Outra parte (Correio da Manhã, O Século) caiu de porrete em cima. O mínimo que publicaram era que a Gazeta não queria ajudar os necessitados e o carnaval coisa nenhuma, o que queria era fazer reclame de si mesma.

---

1. Mil réis.

Não se fazendo de rogada, ela respondeu: "Reclame para a Gazeta não era preciso vê-lo denunciado pelos nossos colegas: ele é evidente, e mais do que isso, é confessado. O que desejaríamos era que os nossos ilustres colegas dissessem se a Gazeta ganha com o reclame e quem é que perde com ele".

A bem da verdade e da história do carnaval carioca não se pode negar que a Gazeta de Noticias foi pioneira em várias ações em prol da festa popular e nunca deixou de prestigiá-la.

Em 1908, a prefeitura adotou a Batalha de Confete, promovendo-a na Avenida Beira-Mar, e consentindo a construção de pequenas barracas "mediante licença paga para a venda de confetes, bebidas e doces". A Companhia Jardim Botânico ofereceu um prêmio à mais bela fantasia.

A notícia do sucesso correu e logo outras capitais aderiram à nova modalidade de brincar o carnaval, antes mesmo da sua chegada. Salvador, Fortaleza, Curitiba, São Paulo e Belém do Pará incluíram-na no seu calendário pré-carnavalesco.

Em 1911 as batalhas de confete já dominavam várias ruas do Rio, com concurso de cordões, fantasias e até música. A Rua Hadock Lobo, Boulevard Vinte e Oito de Setembro e Rua Dona Zulmira acolheram batalhas que ficaram famosas e despertavam saudável rivalidade entre elas. Só em 1925 a conteceu a primeira batalha na Zona Sul, foi na Avenida Atlântica com vários blocos e grupos de ranchos. Um sucesso total.

Capítulo 7

Banho de mar a **fantasia**

Com esta orla de praias, com o carnaval em pleno verão, era esperado que, mais cedo ou mais tarde, o mar entrasse no carnaval, ou vice-versa. Recorrendo aos escritos do estudioso, pesquisador e para sempre querido amigo Jota Efegê, ficamos sabendo que os banhos de mar a fantasia datam de muito tempo. O primeiro foi realizado no dia 7 de fevereiro de 1880, quando o Clube Zazumbal de Niniches promoveu o Grande Banho Turco Musical, "dedicado às gentilíssimas banhistas do Boqueirão[1]", conforme publicou o Jornal do Comércio daquela data.

Durante muitos anos os banhos de mar ocorriam nos cinco sábados que antecediam o carnaval, realizando-se nas praias de Ramos, Ilha do Governador, Sepetiba e Flamengo. Da década de 40 em diante, era um dos momentos mais esperados da fase pré-carnavalesca, acontecendo o concurso de blocos cuja grande final era no Flamengo. As fantasias tinham obrigatoriamente que ser de papel crepom e depois da proclamação do campeão tudo terminava num grande e coletivo banho.

Para muita gente o banho de mar a fantasia é uma saudosa referência de uma maneira carioca de brincar o carnaval.

---

1. Clube náutico que ficava nas imediações de onde hoje é o Aeroporto Santos Dumont.

Capítulo 8

Ranchos

Lirismo no Carnaval

Rancho – Recreio das Flores, 1917.

Como já assinalamos e pode-se ver sem muito esforço, 1907 foi um ano rico de novidades e mudanças. Porém houve uma que marcou o início de um importante capítulo na história destes últimos cem anos do nosso carnaval: a fundação da Sociedade Dançante Carnavalesca Ameno Resedá ou, simplesmente, rancho Ameno Resedá. Rancho que foi escola.

Na sua ascendência portuguesa e açoriana, os ranchos faziam parte do ciclo dos festejos natalinos em vários lugares das regiões Norte e Nordeste do Brasil. Na Bahia, sobretudo, os ranchos tiveram vida intensa e longa. A sua transformação foi-se dando à medida que os negros iam aderindo ao folguedo, introduzindo elementos novos na forma e no conteúdo. O que fez com que eles saíssem do Natal e entrassem no carnaval via Rio de Janeiro, como conseqüência dos cordões.

O Ameno Resedá nasceu num piquenique, ou convescote no linguajar da época, realizado na ilha de Paquetá no domingo, dia 17 de fevereiro de 1907. O jornalista e escritor João Ferreira Gomes, que ficou conhecido como Jota Efegê, é o autor da biografia desse famoso rancho, que não só fez história, como marcou uma linha divisória no histórico do nosso carnaval.

Na documentada obra Ameno Resedá – O Rancho Que Foi Escola, ele pontua sua narrativa com depoimentos de muitos fundadores e contemporâneos. João da Paixão, cujo apelido era Donzinho, carpinteiro nas oficinas do Arsenal de Marinha, foi um dos que contaram o nascimento:

"...1907. Por esse tempo eu fazia parte da sociedade dançante Progresso do Catete na rua do mesmo nome, em frente à Almirante Tamandaré, quando, um domingo de janeiro, de volta dum piquenique em Paquetá, realizado por essa agremiação, resolvemos na barca, em plena Baía de Guanabara, formar um "cordão". Ao chegarmos à sede, na maior alegria e expansão, entre aclamações ruidosas, nasceu o "Grupo dos Resedás", rebento do querido Resedá de hoje, o "rancho-escola", cujo nome é uma epopéia no Carnaval carioca..."

Jota Efegê observa que, pela transcrição acima, João da Paixão diz ter sido o piquenique realizado em janeiro e que a fundação formal ocorreu mais tarde, consubstanciando a idéia nascida na barca.

Outros depoimentos, porém, confirmam a data do piquenique em 17 de fevereiro. Napoleão de Oliveira, por exemplo, que também era do Progresso do Catete e não foi porque estava adoentado, garante a informação. Acha até que João da Paixão se confundiu nos meses quando, quase trinta anos depois, deu a entrevista para Efegê.

O Jornal do Brasil, na edição do dia 17 de fevereiro de 1923, publicou :

"...O vitorioso rancho do Catete estará, logo mais, em festa, comemorando o aniversário de sua fundação, data essa que relembra a ida de um grupo de foliões à ilha de Paquetá onde, debaixo da frondosa mangueira existente perto da pedra da Moreninha, fundou o Ameno Resedá... "

No ano seguinte, registrando a data, o mesmo Jornal do Brasil classifica o aniversariante de "cidadela forte de carnavalescos de pulso, escola perfeita de arte e do belo, círculo suave de melodias estranhas". E vai além:

"17 de fevereiro de 1907.

Esta foi a data de sua fundação.

Em uma festa íntima na ilha de Paquetá, ao sabor dos "comes e bebes", um grupo de rapazes amigos, reunidos em um piquenique sob uma bela e frondosa mangueira, brincava deleitando-se ante a magnificência de uma bela tarde.

Grupo de senhoras e senhoritas realçava o brilho da festa com o colorido de suas *toilettes* e com o gargalhar de suas juventudes.

No auge dessa imensa alegria foi que brotou a idéia da organização de uma sociedade carnavalesca onde esses guapos rapazes conjuntamente com suas famílias pudessem prestar as homenagens devidas ao querido Rei Momo.

Esta idéia, que foi lançada pelos saudosos e pranteados Antenor de Oliveira e Mário Cardoso, tornou-se logo em realidade dando-se-lhe, debaixo dos aplausos e satisfação de todos os presentes, o nome de S. C. Ameno Resedá..."

Pelo tratamento recebido na imprensa, e não foi só no Jornal do Brasil, dá para notar a importância que assumiu o Ameno Resedá.

E o nome? De onde veio?

Numa crônica publicada no jornal homônimo que o próprio rancho editava, no número especial do carnaval de 1911, está contida a informação da escolha do nome. Podíamos ir diretamente ao parágrafo em questão, mas vale a pena conhecer a íntegra da matéria e apreciar o rebuscamento do estilo tão próprio da época.

"No recanto mais ameno da ilha de Paquetá, ao esmaecer de uma tarde sublime, um bando de moçoilas de gracilidade, e rapazes chibantes, solenizava, com toda a pompa agreste – suculentíssimo convescote.

Após o regalo dos manjares saborosos, quando se trincava a polpa aromática dos pêssegos e das maçãs, a mais tentadora morena do grêmio entoou uma trova embaladora – genuinamente nossa.

Lestos, três respeitáveis "batutas" ressoavam com maestria, as cordas sonorosas do "pinho" acompanhando-a, a passarada, nos arvoredos, chilreava como fascinada n'um coro mágico.

Agrupado, sob a copa folhuda de vetusta mangueira, fruíam as delícias de cheirosos cigarrilhos, o Antenor de Oliveira, Mário Cardoso, Pedro Paulo, o Mascarenhas e outros, cujos nomes não nos vêm à memória; atentos ouviram o cantar mimoso da graciosa serenatista.

Ao terminar, o sussurro das palmas confundiu-se com os gorjeios agudos dos pássaros.

O Mário Cardoso depois de meditar, com os olhos fitos em um espesso sabugueiro engrinaldado de flores, alvas e aromosas, externou o desejo de fundar-se um grêmio carnavalesco, cheio de originalidade, diferente dos grupos barulhentos de batuque e berreiro.

Um grêmio onde a beleza e elegância das vestes se harmonizasse com a sublimidade de cantares impecáveis, cuja música fosse da lavra de verdadeiros musicistas.

O batuque, a pandeirada e os urros,seriam banidos por anti-estéticos.

Depois de alguns minutos de conferência, o Mário Cardoso fez ligeira exposição do que haviam ideado aos demais convivas, ficando de imediato formado o Grêmio.

Vindo à baila qual o nome mais próprio para o novel "rancho", lembraram o aroma rescendente dos sabugueiros em flor.

Depois de alguns debates, preferiram uma flor cujo perfume fosse o mais "ameno".

– É o "resedá"!

Suspirou uma "smartíssima" (abrasileiramento em superlativo do adjetivo inglês *smart*: esperto) morena de olhos feiticeiros, que trazia reclinado no peito um ramo florido de resedá.

– Então o grêmio será "Ameno Resedá"!

Objetaram o Antenor e Mascarenhas a *una voce*.

E... em regozijo ao nascimento de tão esperançosa agremiação, as taças foram alçadas, ao fragor de um "hurrah" formidável.

Eis como, em a tarde poética de 17 de novembro de 1907, foi originado "o Ameno Resedá", hoje um baluarte da graça e da estética carnavalesca."

Que preciosismo de descrição.

O patrono da agremiação foi o escritor Coelho Netto, a padroeira, N. S. da Glória e o padrinho, o Clube dos Democráticos.

A Sociedade Carnavalesca Ameno Resedá não foi o primeiro rancho fundado no Rio de Janeiro. Antes dele já havia Mimosas Cravinas, Botão de Rosa, Flor de Abacate, Kananga do Japão, Recreio das Flores, Rosa de Ouro Mimoso Manacá, cujos nomes de flores remetem à influência totêmica que revela a presença africana. Todos eles tiveram, cada um a seu modo, importante papel na fixação do gênero e no desenvolvimento do carnaval carioca. Mas o pioneiro dos ranchos foi o Rei de Ouros, fundado em 6 de janeiro de 1894 pelo baiano Hilário Jovino Ferreira, tenente da Guarda Nacional, que emigrou da Bahia para o Rio de Janeiro indo viver no bairro da Saúde. A primeira inovação do Lalau de Ouro, como também era conhecido, foi apresentar o rancho no carnaval e não no Natal, como era comum em sua terra. A partir daí os ranchos proliferaram, tendo o próprio Hilário criado vários, como o das Jardineiras, Filhas das Jardineiras e Rosa Branca, muitos deles com sede na Pedra do Sal, um lugar emblemático na cultura popular do Rio de Janeiro. À parte desta sua função de introdutor dos ranchos no carnaval, Hilário foi também um exímio mestre-sala, na época chamado baliza, criando a coreografia específica que foi executada também por Getúlio Marinho, conhecido como Amor, Theodoro Francisco, e herdada depois pelas escolas de samba.

Uma personagem que merece citação especial é a Maria Adamastor, nascida Maria da Conceição César, que recebeu este apelido por causa do nome de um cruzador português que estava fundeado na Baía de Guanabara para participar das festas da posse do Presidente Marechal Hermes da Fonseca, em 1910. Maria era tão bem fornida de musculatura que parecia mesmo um navio. Foliã convicta e militante, foi uma das melhores mestres-salas que o Rio de Janeiro já viu, posto que foi sempre reservado para homens e que ela, travestida, cumpria com absoluta propriedade exibindo evoluções coreográficas surpreendentes, como boa discípula de Hilário Jovino .

Ao mestre-sala cabia também a obrigação de proteger a sua porta-estandarte quando, no encontro com outro grupo, um tentava através da dança "roubar" a parceira do outro, numa espécie de ritual que ocasionou alguns confrontos físicos, ou seja, o pau comia pra valer. Na tarefa da proteção o mestre-sala tinha dois auxiliares, chamados "porta-machados" – Donga (Ernesto dos Santos) e João da Baiana (João Machado Guedes) foram, quando jovens, dois dos mais eficientes.

No dia do desfile, os ranchos tinham uma obrigação: passar na residência de Tia Ciata, que morava na Rua da Alfândega, e Tia Bebiana, no Largo de São Domingos, para cumprimentá-las e, implicitamente, pedir a sua benção. Era um compromisso tão sério que o rancho que não o fizesse era considerado como se não tivesse saído no carnaval.

O Ameno Resedá, graças à sua organização, aos enredos escolhidos, aos cantores que trazia para entoar suas marchas – aliás, é bom que se diga que, naquela época, não se usava nenhum tipo de amplificação, nem megafone, era no gogó mesmo, e por isso os puxadores eram tenores –, por todos estes e muitos outros fatores, tornou-se o mais querido rancho do Rio e ficou conhecido até no exterior.

Impressionado com a fama e o propalado excelente desempenho do rancho, o Presidente Hermes da Fonseca manifestou desejo em apreciar de perto um desfile. Por acaso um dos funcionários do Palácio do Catete, João de Paula Pires, fazia parte da diretoria da agremiação, e ao saber da vontade do marechal, empenhou-se em torná-la realidade. O local do desfile, por

Os encantos mágicos da natureza – elementos básicos dos ranchos

determinação presidencial, foram os jardins do Palácio Guanabara, então residência oficial do chefe da Nação.

No domingo de carnaval de 1911 aconteceu a entrada triunfal do Ameno Resedá com seu enredo Corte de Belzebu sendo entusiasticamente aplaudido pelo presidente, sua esposa D. Orsina da Fonseca, ministros, diplomatas e convidados especiais.

Alegorias sensacionais, fantasias exuberantes de rico colorido, um coral de tenorinos e sopraninos com arroubos líricos, como registrou o Jornal do Brasil, colaboraram para dar uma visão pictórica, talvez chegada às alucinações de Bosch.

Empunhando o belo estandarte, com suas franjas douradas e figuras pintadas a óleo, ia com garbo e orgulho Maria Isabel do Espírito Santo, mãe de Haroldo Barbosa e Evaldo Rui, que mais tarde escreveriam seus nomes entre os mais respeitados de nossa música popular.

Foi um momento de glória não apenas para o Ameno, mas para o carnaval carioca. Os ranchos atingiam o seu reconhecimento como força motriz da nossa grande festa e inauguravam o teatro lírico ambulante.

A imprensa sempre prestigiou os ranchos, como de resto todas as agremiações carnavalescas. Gazeta de Notícias, O Paíz, A Pátria, A Notícia, Correio da Manhã, Jornal do Brasil, eram apenas alguns deles. A este último se deve a instituição do Dia dos Ranchos, na segunda-feira de carnaval, creditada ao jornalista Souza Valente, responsável pela seção "Nos Pródromos da Folia", ainda que alguns apontem o cronista Vagalume (capitão Francisco Guimarães) como o verdadeiro autor. O desfile era realizado em frente à sede do jornal na Avenida Rio Branco, e o povo se acotovelava nas calçadas para aplaudir e incentivar.

O Ameno Resedá existiu durante 34 anos. No dia 15 de fevereiro de 1941, o Jornal do Brasil publicava a seguinte nota que, para muitos, soou como um réquiem:

"Desaparece o Ameno Resedá – Recebemos o seguinte :

O Ameno Resedá, sociedade fundada em 17 de fevereiro de 1907, finda a sua existência precisamente nesta data em que assinala o seu 34º ano de luta em prol da civilização do pequeno Carnaval.

Idealizando os ranchos de tão saudosa memória

e que constituíram as delícias de Momo durante tantos anos, foi o Ameno Resedá o expoente máximo da boa música carnavalesca, passando pelo seu quadro social os mais afamados compositores e poetas populares, como Bonfiglio de Oliveira, Tte. Nóbrega, José Cavaquinho, Romeu Silva, Napoleão de Oliveira, Sadí Bandeira e tantos outros, conquistando sempre em memoráveis pugnas o honroso título de "Campeão de Harmonias".

O aparecimento do Ameno Resedá foi uma verdadeira revolução no Carnaval carioca, porque suprimiu os antigos cordões barulhentos transformando-os em ranchos perfeitamente organizados e harmônicos.

Em assembléia geral, composta de iniciadores, fundadores e beneméritos, foi deliberada a extinção desta sociedade e a repartição do seu patrimônio. As medalhas e cartões de ouro serão oferecidos à Irmandade de N.S da Glória e Matriz, num gesto de reconhecimento cristão, visto que N. S. da Glória foi a padroeira da sociedade. Os bronzes e taças ficarão a critério da administração para serem distribuídos aos museus e grandes sociedades desta capital.

Desaparece, assim, uma sociedade de passado glorioso nas lides de Momo, porque os seus dirigentes, reconhecendo a impossibilidade dela viver condignamente como até aqui, em virtude da situação atual, não querem vê-la transformada em *dancing*, o que desvirtuaria o seu programa carnavalesco baseado nos princípios da Ordem e da Moral.

Pela Junta Governativa – (a) Manuel Portilho de Jesus."

Fechava-se um dos mais ricos e importantes capítulos da história do carnaval carioca. O rancho-escola cujo hino oficial, atribuído ao compositor e músico Bonfiglio de Oliveira, dizia "Salve o Ameno Resedá / Salve o Deus da Folia / São glórias! São glórias! / Viemos com prazer e alegria!" deixava de existir, mas sua semente germinaria nos Aliados de Quintino, Turunas de Monte Alegre, União dos Caçadores, Azulões da Torre, Decididos de Quintino, Unidos do Cunha, Recreio da Saúde, desfilando todos os anos até que na década de 60 começaram a perder a força, e em 1997 apenas uma agremiação apresentou-se.

Nos anos 70, na tentativa de reerguer os ranchos e devolver a eles sua fundamental importância no carnaval carioca, foi criada a Comissão em Louvor aos Ranchos, integrada por Eneida, Lúci Rangel, Ricardo Cravo Albim, Aloísio de Alencar Pinto, e da qual também fiz parte, com intenção de viabilizar condições econômicas para seus ensaios e apresentação. Nessa época seu desfile já era triste e pobre. Para muitos uma tristeza poética que era coerente com o empenho e a resistência dos seus componentes e admiradores. Mas esta observação não servia de consolo para Arthalydio Luz, presidente vitalício da Federação dos Ranchos do Estado do Rio de Janeiro, fundada em 1950, e cronista carnavalesco desde os anos 10, quando adotou o pseudônimo de A. Zul. Batalhador incansável, reunindo todas as forças para manter o prestígio das agremiações, foi ele quem solicitou a formação da comissão que, se nada resolveu, pelo menos ajudou a despertar o interesse da imprensa e a consciência do público. Lembro-me do ator francês Pierre Bahout (*Un Homme et une Femme*), que assistiu um desfile dos ranchos em lágrimas, comovido pela beleza e ingenuidade do espetáculo.

Na década de 80, com o entusiasmo de Lígia Santos, Turíbio Santos, Orlando Miranda e mais alguns admiradores, houve a tentativa de reconstituição do rancho Sodade do Cordão que, há quarenta anos, o maestro Villa-Lobos, já preocupado com os sinais de decadência, tinha resolvido botar na rua. Aproveitando os seus conhecimentos no meio da música popular, o maestro realizou ensaios, vestuário e alegorias, simples é verdade, na casa do pai-de-santo Alufá, nome religioso de José Gomes da Costa, mais conhecido como José Espinguela, no morro do Quitungo, em Irajá.

No dia 5 de fevereiro de 1940 o rancho desfilou na Feira de Amostras, patrocinado pelo D.I.P. (Departamento de Imprensa e Propaganda), tendo à frente o próprio Villa-Lobos com seu chapéu gelô, comandando as evoluções. O estandarte, que sobres-saía pelo seu tamanho, vinha precedido do clássico painel "pede passagem" e informando o enredo: Recordação do Passado.

E os desfilantes vinham cantando com entusiasmo a marcha do maestro:

Adeus, bela morena
Em teu nome ouvi falar
Vamos ver o Sodade do Cordão
Que saiu a passear.

Os ranchos criaram a marcha-rancho, ou marcha-de-rancho, ritmo básico e indispensável para seus desfiles e gênero que teve grandes cultivadores como Nássara, Lamartine Babo, Zé Ketty, João de Barro, Alcir Pires Vermelho, Carlos Lyra e Vinícius de Moraes.

Carnaval também é melancolia.

Capítulo 9

Bailes e Rainhas

O Baile dos Artistas no Phenix

Os bailes há muito são parte integrante dos festejos carnavalescos. A mais antiga notícia que se tem foi um anúncio que O Jornal publicou em 1840 e dizia:

"Hoje, 22 de janeiro, no Hotel Itália, haverá baile mascarado com excelente orquestra, havendo dois *cornets à pinton*[1]." O baile teve um tal êxito que foi repetido no dia 20 de fevereiro com o seguinte anúncio: "Baile de máscaras como se usa na Europa por ocasião do carnaval." Segundo Eneida, a promotora deve ter sido uma italiana casada com um hoteleiro que tinha um hotel no Largo do Rocío – hoje Praça Tiradentes –, no mesmo local onde até há alguns anos estava o Teatro São José, famoso pelos bailes de travestis, antecessores do Gala Gay de Guilherme Araújo nos anos 80 do século XX.

Em 1900 os bailes estavam definitivamente integrados ao calendário carnavalesco do Rio de Janeiro. Havia baile em casas de família – Copacabana foi pioneira –, ao ar livre, em pistas de patinação, nas grandes sociedades, nas sedes dos ranchos, praticamente na cidade toda.

Em 1907 o Colomy Clube organizou um baile infantil, que dali em diante virou moda. O inédito no clube era o seu quadro social só de crianças.

No ano seguinte aconteceu outro fato marcante, a empresa Pascoal Segreto, cujo ramo de negócios era o da diversão, inaugurou o clube High Life no palacete pertencente à família, na Rua Santo Amaro. O baile foi um sucesso total, os jornais e revistas se fartaram de elogios. O *grand monde*, como os colunistas de então se referiam aos grã-finos, não faltou, champanhe francês tampouco e muito menos mulheres bonitas exalando a perfume importado. Duas grandes orquestras tocavam em dois ambientes diferentes. Um festão.

---

1. Deve ser *cornet à piston*, ou seja cornetim.

No carnaval de 1909, o High Life, além de inovar com matinês dançantes, promoveu um concurso para eleger a mais bela mulher, a mais bela fantasia e qual a melhor dança. Os prêmios eram jóias valiosíssimas e só os homens votavam.

As danças do momento eram polcas, valsas, tangos, quadrilhas, *cake-walks*, maxixes e *charlestons*. Chiquérrimo. Os bailes do High Life tornaram-se uma tradição na cidade e duraram até a década de 50, quando o prédio tomou outro destino.

O primeiro Baile dos Artistas foi realizado no Teatro Fênix no carnaval de 1918 e lá ficou até 1921. Era o baile dos que lidavam "com o escopro, o pincel e a pena", como publicaram os jornais, e, efetivamente, escultores, pintores, escritores e poetas como Luiz Edmundo, Raul Pederneiras, Luís Peixoto, Candido Portinari, Gilberto Trompowsky e Di Cavalcanti compareceram em peso. Olegário Mariano, na época cronista mundano da revista Careta, escreveu esta quadra:

Do baile dos artistas foi a rata
que mais feriu a vista,
o Jaime Ovale de S. João Batista
dançando com uma Salomé mulata.

Depois de alguns carnavais no Assyrius, o restaurante do Teatro Municipal, o Baile dos Artistas foi em 1932 para o Hotel Glória organizado pelo pintor Navarro da Costa, presidente da Associação dos Artistas Brasileiros. A decoração era sempre um dos pontos altos da festa e entre os autores figuraram nomes estelares como Sansão Castelo Branco, Júlio Sena e Di Cavalcanti. Até o final da década de 50 o "Baile do Glória", como também ficou conhecido, era de freqüência obrigatória para artistas e afins.

Para dar ainda mais *glamour* ao carnaval carioca, o jornalista Morais Cardoso promoveu um baile, com o

FENIANOS
C. F.
CLUB DOS FENIANOS
Hoje 30 de Abril de 1910
Halleyluiatico e celestial
BAILE
FENIANOS!!!

apoio do jornal A Noite, para coroar uma atriz. A escolhida foi Margarida Max, um nome lendário em nossas artes cênicas.

No intuito de angariar recursos para o Retiro dos Artistas, instituição que tem como objetivo abrigar atores, atrizes e diretores de teatro que no fim de suas carreiras ficam desamparados, a Casa dos Artistas, por iniciativa do teatrólogo João do Rego Barros e ainda com o apoio de A Noite, organizou em 1933 o 1° Baile das Atrizes, com a eleição da Rainha das Atrizes, registrado no filme Carnaval de 1933, de Fausto Muniz, um dos primeiros sonoros realizados no Brasil. Naquele ano a escolhida foi Regina Maura, do elenco de Procópio Ferreira, que mais tarde ingressou na política paulista e ficou famosa como a polêmica deputada Conceição Santa Maria.

O baile entrou para o calendário oficial do carnaval e era realizado na quinta-feira no Teatro João Caetano, reunindo um público imenso de todas as áreas artísticas. Não era um concurso onde só a beleza importava, contava também o prestígio artístico. Observe só o naipe de soberanas:

1934 – Lu Marwal
1935 – Eva Tudor
1936 – Lígia Sarmento
1937 – Eva Tudor
1938 – Gilda de Abreu
1939 – Araci Côrtes
1940 – Alda Garrido
1941 – Margot Louro
1942 – Mary Lincoln
1943 – Nena Napoli
1944 – América Cabral
1945 – Edelweiss Dias
1946 – Mara Rúbia
1947 – Wahita Brasil
1948 – Aimée
1949 – Cléia Suzana
1950 – Mara Rúbia
1951 – Joana d'Arc
1952 – Virgínia Lane
1953 – Maria do Céu
1954 – Lili Marlene
1955 – Janete Jane
1956 – Angelita Martinez
1957 – Eloina
1958 – Joana d'Arc
1959 – Daisy May

1960 – Fernanda Montenegro
1961 – Não foi realizado o baile.
1962 – Judite Barbosa
1963 e 1964 – Não houve baile.
1965 – Marivalda
1966 – Margot Morel
1967 – Dercy Gonçalves
1968 – Célia Biar
1969 – Bibi Ferreira
1970 – A partir de então foi também eleito um príncipe, e o casal real desse ano foi: Glauce Rocha e Sérgio Cardoso.
1971 – Tonia Carreiro e Francisco Cuoco
1972 – Cidinha Campos e Paulo Goulart
1973 – Vanda Lacerda e José Augusto Branco
1974 – Sandra Bréa e Carlos Eduardo Dolabela
1975 – Betty Faria e Paulo Gracindo
1976 – Sônia Braga e José Wilker
1977 – Yara Côrtes e Ney Latorraca
1978 – Rosamaria Murtinho e Antônio Fagundes

De 1933 até 1960 os bailes foram realizados no Teatro João Caetano. Em 1962 a festa foi no Teatro Carlos Gomes e em 1965, no Clube Hebraica. O baile de 1966 aconteceu no Cinema São José e de 1967 até 1972, no Clube Sírio e Libanês. Já em 1973 atravessou a baía e realizou-se no Clube Canto do Rio, dentro das comemorações do 4° centenário de Niterói. A partir de 1974 passou a ser no Canecão.

Os anos 40 e 50 foram, sem dúvida, a época de ouro do rádio brasileiro. Alimentador de sonhos através das novelas, incentivador e divulgador de modas e tendências pelo linguajar empregado e pela publicidade veiculada, ditava o comportamento da época. Vozes de atores, atrizes, cantores, cantoras, locutores e animadores eram muito mais familiares aos ouvintes do que os seus próprios rostos. E nesse mundo sensorial

Marlene

faziam-se reis e rainhas projetados pelos autofalantes dos aparelhos. O rádio era a vida na sua forma menos concreta.

O carnaval tinha no rádio o seu grande aliado, e sua primeira rainha com título formalizado foi a cantora Linda Batista, eleita em 1937 num concurso promovido no Iate dos Laranjas, barco carnavalesco que ficava atracado na Esplanada do Castelo. Durante onze anos ela manteve o título.

Em 1948, a ABR (Associação Brasileira de Rádio) reorganiza o concurso e a cantora Dircinha Batista, irmã de Linda, torna-se a nova Rainha do Rádio.

Em 1949, Vítor Costa, que era o diretor geral da Rádio Nacional, naquela época a emissora de maior prestígio e audiência em todo o país, e que exercia também a presidência da ABR, resolveu organizar o Baile da Rainha do Rádio para angariar fundos para a construção do Hospital do Radialista. A escolha foi feita através do voto popular, que custava 1 cruzeiro cada, e a eleita foi a cantora Marlene (Vitoria Bonaiutti), paulista recém-chegada, *crooner* do Copacabana Palace e estrela em ascenção do Programa Manoel Barcelos, que teve a eleição garantida por um cheque em branco da companhia Antarctica para cobrir qualquer quantia apurada por outras candidatas, entre as quais estavam Emilinha Borba, Heleninha Costa e Carmélia Alves. A "produzida" rivalidade entre Emilinha e Marlene, que ficou como um fato marcante na história do rádio, nasceu naquele instante.

O baile da coroação da Rainha do Rádio foi realizado no Teatro João Caetano, na terça-feira que antecede o carnaval, passando a ser dali em diante mais uma atração dos festejos de Momo.

Emilinha Borba

Marlene foi reeleita no ano seguinte, e em 1951 a vez foi de Dalva de Oliveira, que ganhou, entre outros prêmios, um carro Goliath, oferecido pela Auto-Modelo. Em 1952, a coroa passou para cantora paulista Mary Gonçalves, revelação da Rádio Clube do Brasil.

Mas as fãs de Emilinha ainda estavam com a derrota sofrida em 1949 atravessada na garganta, e num grito de guerra, dispostas a quaisquer sacrifícios, elas iriam elegê-la "custe o que custar!" Afinal a "favorita da Marinha" merecia tudo e muito mais.

E não deu outra. Em 1953, Emilinha Borba foi eleita com mais de 1 milhão de votos. Era a vitória da menina de Mangueira, onde nasceu.

Para o carnaval de 1954 a eleita foi outra cantora de origem humilde, ex-tecelã, filha de um pastor protestante, e cujo nome verdadeiro era Abelim Maria da Cunha, mas que entrou para a história do rádio e da nossa música popular como Angela Maria, a quem o Presidente Getúlio Vargas chamou de sapoti, por causa da cor da pele e a doçura da voz.

Nos anos seguintes, 1955 e 1956, foram rainhas, respectivamente, Vera Lúcia, cantora portuguesa que fazia sucesso cantando músicas de Dolores Duran e Tom Jobim, e Dóris Monteiro, a "garota revelação" de ar bem comportado e voz meiga.

A última rainha eleita foi Jule Joy, em 1958.

Capítulo 10

Os concursos de fantasias

Simão Carneiro - Relicário Renascentista

Uma das grandes inovações do carnaval carioca foi o concurso de fantasias, que se esboçara nos bailes do High Life e solidificou-se no Baile de Gala do Teatro Municipal. Afora a beleza e criatividade da decoração, a excelência das orquestras, a qualidade dos *buffets* e o comparecimento maciço de um público misto, que ia de autoridades governamentais a anônimos foliões, o Baile do Municipal adquiriu fama internacional através do concurso que reunia um considerável número de candidatos com fantasias surpreendentes na imaginação e na confecção.

O primeiro baile aconteceu no dia 8 de fevereiro de 1932, segundo o relato de Clóvis Bornay, um dos grandes astros não só do baile como do próprio carnaval. Deve-se a sua criação ao Interventor (com o advento do governo Vargas, após a Revolução de 30, os interventores eram nomeados pelo poder central em lugar dos governadores) Pedro Ernesto e, financiado pelo Touring Clube do Brasil, atraiu um público de 4.000 foliões que, pagando ingressos de 60 a 500 mil réis, dançou ao som de três orquestras: Típica Brasileira Copacabana, Típica Nacional Odeon e do Copacabana Palace. Fizeram-se presentes o Presidente Getúlio Vargas e senhora, o Ministro Maurício Cardoso, o ex-presidente José Américo de Almeida, e os senhores Oswaldo Aranha, Batista Luzardo e João Neves da Fontoura. Nesse ano não houve concurso formal, sortearam prêmios para os foliões melhor fantasiados.

O **primeiro concurso oficial** só veio acontecer no **5º baile**, no dia 24 de fevereiro de 1936. O diretor de turismo era Alfredo Pessoa, que contou com a colaboração de Sílvio Piergilli, diretor do teatro. O júri foi presidido por Herbert Moses, presidente da Associação Brasileira de Imprensa, e a premiação foi a seguinte:

Categoria Feminina de Luxo:
Sra. José Martinelli com Madame Du Barry, confeccionada pela Casa Sucena, que também fazia trajes litúrgicos para a Arquidiocese.

Categoria Feminina Originalidade:
Aparecida de Oliveira, com Joana d'Arc.
Menção Honrosa para a Sra. Joaquim Lustosa com a fantasia intitulada Bouquetière.

O **6º baile** foi realizado no dia 8 de fevereiro de 1937, organizado pelo maestro Viggiani, que ganhou a concessão e instalou, pela primeira vez, um sistema de refrigeração, utilizando 5.000 pedras de gelo. A premiação foi a seguinte :

Categoria Feminina Luxo :
1º – Ruth Lisboa Alves, com Carlota Joaquina – uma placa de brilhantes;
2º – Sra. Miguel Barroso do Amaral, com Dama do Diretório – uma capa de pele de raposa azul;
3º – Sra. Lemos Miranda, com Marquesa dos Santos – uma pulseira de brilhantes.
Outros prêmios foram concedidos a Luzinha Accioy, com Cigana, e à Sra. Jorge Balassa, com Imprensa Carioca.

Categoria Masculina:
Prêmio Especial – Clóvis Bornay, com Príncipe de Pequim.

Categoria Masculina Originalidade:
Duca de Torrito, secretário da Embaixada da Itália, com Príncipe Persa.

O **7º Baile** foi no dia 28 de fevereiro de 1938. A realização esteve a cargo do maestro Sílvio Piergilli,

Decoração do Baile do Teatro Municipal

diretor do teatro. O salão foi decorado com o tema "Uma Noite no Oriente" e as fantasias premiadas foram:

Categoria Fantasia de Luxo:
Gilda de Abreu, atriz, mulher do cantor Vicente Celestino – uma capa de pele.

Categoria Fantasia Típica:
Elvira Rosa – um bracelete de brilhantes.

Categoria Fantasia Original:
Heloísa Helena – um bracelete de brilhantes.

Categoria Fantasia Masculina Original:
Marcus Carneiro de Mendonça – uma máquina fotográfica.

Foi concedida Menção Honrosa a Clóvis Bornay pela fantasia A Lenda do Peixinho Dourado.

O **8º baile**, no dia 20 de fevereiro de 1939, foi organizado também pelo maestro Sílvio Piergilli e o tema da decoração foi "Brasil Colonial". Nesse ano não houve concurso.

Para o **9º baile**, o maetro Piergilli encomendou aos cenógrafos Gilberto Trompowsky e Fernando Valentim a decoração sob o tema "Uma Noite Medieval". O concurso de fantasias teve o seguinte resultado:

Categoria Feminina:
1º lugar – Júlia Sardi, embaixatriz da Venezuela, com Dama Medieval – uma pulseira de brilhantes e platina;
2º lugar – Sra. Mindelo Carneiro Monteiro, com Lady Godiva – uma pulseira de brilhantes e platina;
3º lugar – Célia de Lima e Silva, com Japonesa – uma pulseira de brilhantes;
4º lugar – Ivone Pereira de Souza, com Bailarina Oriental – um rádio.

Categoria Masculina :
1º lugar – Clóvis Bornay, com Príncipe Hindu – estojo de viagem;
2º lugar – Júlio Senna, com Carrasco Medieval – uma máquina fotográfica.

No 10º baile, que aconteceu no dia 24 de fevereiro de 1941, o prefeito do Distrito Federal era Henrique Dosdworth, que compareceu com a família e integrantes do secretariado. Os prêmios foram:

Categoria Feminina:
1º lugar – Julinha Loureiro, com Rainha de Espanha;
2º lugar – Conceição Gomes, com Espanhola;

Evandro de Castro e Lima – Mil e uma Noites

3º lugar – Lurdes Mendes Senna, com Noiva Espanhola;
4º lugar – Janot de Almeida, com Andaluza.

Categoria Masculina:
1º lugar – Renato Cunha, com Nobre Japonês;
2º lugar – Pedro Vargas (cantor mexicano de fama internacional), com Mexicano;

Foi concedida Menção Honrosa a Clóvis Bornay, com Felipe II, Rei de Espanha. Houve protestos pela premiação de Pedro Vargas, com a alegação de que sua fantasia não era inédita, uma das exigências do concurso.

O **11º baile** realizou-se no dia 16 de fevereiro de 1942. A patronesse foi a primeira-dama, Sra. Darcy Vargas, que recebeu a renda para a construção da Casa das Meninas, obra filantrópica na qual o Governo estava empenhado. O cineasta Orson Welles filmou o baile para o longa metragem *It's All True* (Nem Tudo é Verdade), que conteria vários aspectos da vida brasileira.

Os premiados do ano foram os seguintes:

Categoria Feminina:
1º lugar – Ruth Amaral, com Pássaro Nacional – Cacatua;

Evandro de Castro e Lima (O Pavão Real) e Clóvis Bornay (O Canto do Cisne)

2º lugar – Alina Miranda, com Cacique;
3º lugar – Janot de Almeida, com Flores do Brasil;
4º lugar – Sra. Freitas Valle, com Bandeirante;
5º lugar – Sra. Simas de Mendonça, com Orquídeas.

Categoria Masculina:
1º lugar – Clóvis Bornay, com Sangue e Areia – Toureiro;
2º lugar – Maurício Genaro, com Marajoara.

Além dessa classificação, foram ainda consignados três prêmios aos concorrentes fantasiados com motivos brasileiros.

Durante o período em que a Força Expedicionária Brasileira esteve lutando nos campos da Itália (de 1943 a 1945), durante a II Guerra Mundial, o Baile do Teatro Municipal foi suspenso. Só voltou no carnaval de 1948. Foi o 12º e aconteceu no dia 9 de fevereiro. Não houve concurso, mas Clóvis Bornay, que apresentou a fantasia Rei do Maracatu, recebeu do Prefeito Ângelo Mendes de Moraes a Medalha de Ouro da Municipalidade.

O **13º baile** teve como decoração o tema "Uma Noite Chinesa", e realizou-se no dia 28 de fevereiro de 1949. No concurso desse ano foram premiadas apenas concorrentes femininas. E foram as seguintes:

1º lugar – Terezinha Abranches, com Traviata;
2º lugar – Lígia Faria, com Joana d'Arc;
3º lugar – Ruth Amaral, com Escrava Egípcia, e Terezinha Mansur, com Dama Veneziana.

Houve ainda o Prêmio Animação, concedido à cantora Lourdinha Bittencourt, fantasiada de Chiquita Bacana, e o Prêmio Especial para Clóvis Bornay, com a fantasia O Príncipe de Pequim.

Ainda nesse ano, aconteceu o fato mais insólito de todos os bailes; a bailarina Luz del Fuego apresentou-se caracterizada de Eva com uma cobra enrolada no corpo, numa criação – não a cobra, mas a "fantasia" – de Clóvis Bornay. Imagine o rebuliço quando, de repente, ela dispensou a cobra.

No ano seguinte, o **14º baile** foi no dia 20 de fevereiro. O tema da decoração foi "Carnaval em Veneza", e a Rainha do Carnaval era a escultural vedete Elvira Pagã, que, junto com Rosina, fazia a famosa dupla do teatro de revista Irmãs Pagãs.

Os premiados no concurso foram:

Categoria Feminina:
1º lugar – Nair Rios, com Princesa Oriental.
Categoria Masculina:
1º lugar – Clóvis Bornay, com Incêndio de Roma.

O **15º baile** realizou-se no dia 5 de fevereiro de 1951, e a decoração assinada por Mário Conde, cenógrafo-chefe do teatro, teve como tema "O Reino de Netuno". Luz Del Fuego teve a entrada proibida, apesar de estar com uma fantasia criada por Clóvis rigorosamente dentro do tema.

As classificadas foram apenas fantasias femininas:

1º lugar – Ana Fontes, com Favorita de Netuno;
2º lugar – Lúcia Mangabeira, com Sereia de Copacabana;
3º lugar – Violeta Ferreira, com Maria Antonieta.

Clóvis Bornay foi agraciado com o Grande Prêmio Teatro Municipal, com a reedição da fantasia A Lenda do Peixinho Dourado.

O **16º baile**, que teve a decoração mais uma vez assinada pelo cenógrafo Mário Conde, dessa vez sob o tema "O Reinado de Momo", foi realizado no dia 25 de fevereiro de 1952.

A bailarina e atriz Luz Del Fuego fez outra tentativa e conseguiu entrar no baile. Sua fantasia era intitulada Noiva Moderna, e em vez do buquê, um revólver.

Não houve concurso de fantasias masculinas nesse ano e apenas 19 fantasias foram inscritas. O resultado foi o seguinte :

1º lugar – Ruth Amaral, com Guerreiro Romano;
2º lugar – Domingas Monteiro, com Rainha do Egito;
3º lugar – Portuguesa e Varina (empatadas);
4º lugar – Francis Marinho, Rei da Índia.

Também classificou-se Inicianite Fialha, com Gato de Botas.

O **17º baile**, no dia 16 de fevereiro de 1953, teve como ambientação "Carnaval do Rio Antigo", e também só classificou fantasias femininas. As premiadas foram:

1º lugar – Maria Gracinda Teixeira, com Bailarina;
2º lugar – Lilian Brunet, com Pássaro de Fogo;
3º lugar – Áurea Nascimento, com Morcego;
4º lugar – Josefina Mangabeira, com Ave do Paraíso.

Em apresentação especial desfilaram Clóvis Bornay, de Arlequim, e Zacarias do Rego Monteiro, de Pierrô.

Gilberto Trompowsky e Fernando Valentim voltaram a fazer a decoração no **18º baile**, que foi no dia 1º de março de 1954. Só fantasias femininas concorreram e os prêmios foram para

1º lugar – Olga Mangabeira, com Cleópatra;
2º lugar – Celina Lemos, com Deusa da Morte;
3º lugar – Domingas Monteiro, com Horóscopo.

No **19º baile**, no dia 21 de fevereiro de 1955, a decoração voltou a ser criada por Mário Conde, sob o tema "Caverna de Ali Babá". Mais uma vez só foram inscritas fantasias femininas, e o resultado foi o seguinte :

1º lugar – Ruth Amaral, com Cisne Negro;
2º lugar – Zélia Hoffman, com Talismã;
3º lugar – Kitucha Conceição, com Noiva de Aladim;
4º lugar – Bárbara Bergaços, com Ave do Paraíso;
5º lugar – Maria Gracinda, com Príncipe Encantado.

O **20º baile** teve a presença do vice-presidente da República João Goulart e senhora. Realizou-se no dia 13 de fevereiro de 1956 e a decoração com o título de "Abstracionismo" foi criada por Roberto Burle Marx. Só foram inscritas fantasias femininas e o resultado foi:

1º lugar – Zélia Hofman, com Borboleta Real;
2º lugar – Madalena Santos, com Melissande;
3º lugar – Mary Sead Deps, com Rainha do Nilo;
4º lugar – Raquel Masson, com Maria da Rússia.

Os destaques especiais foram Clóvis Bornay e Zacarias do Rego Monteiro, este mais uma vez de Pierrô.

O **21º baile**, no dia 4 de março de 1957, teve decoração de Fernando Pamplona sob o tema "Rio Antigo". Foram classificadas apenas fantasias femininas e, pela primeira vez, um grupo. Este foi o resultado:
1º lugar – Janot de Oliveira, com Cacatua;
2º lugar – Madalena Santos, com Luzes da Ribalta;
3º lugar – Zélia Hoffman, com Candelabro.

O grupo premiado se intitulou Quatro Aztecas. Clóvis Bornay apresentou Noites Parisienses, e Zacarias do Rego Monteiro, uma outra versão de Pierrô.

Evandro de Castro e Lima – Roma Eterna

O **22º baile** teve mais uma vez decoração de Fernando Pamplona, "Carnaval na África". Foi no dia 17 de fevereiro de 1958 e, entre os convidados especiais, estava o ator Rock Hudson. Nesse ano houve concorrentes masculinos, e o resultado foi o seguinte:

Categoria Feminina:
1º lugar – Zélia Hoffman, com Bela Otero, empatada com Madalena Santos, que apresentou Quizumba;
2º lugar – Domingas Monteiro, com Medusa;
3º lugar – Raquel Masson, com Maria Antonieta.

Categoria Masculina:
1º lugar – Jorge Costa, com Mandarim.
Categoria Grupo:
Ritual Selvagem

Menção Honrosa para Clóvis Bornay, com Sonho de Rondon.

O **23º baile** aconteceu no dia 9 de fevereiro de 1959, e a decoração "Arlequinadas" foi criada por Arlindo Rodrigues. Houve mudanças nos critérios de avaliação das fantasias, que determinaram novas categorias. O resultado ficou assim:

Categoria Feminina Luxo:
1º lugar – Madalena Santos, com Ninotcka;
2º lugar – Ivana Rodrigues, com Dragão de Ouro;
3º lugar – Marta Martins, com Deusa Nefertiti.

Categoria Feminina Originalidade:
1º lugar – Domingas Monteiro, com Arlequim, Rei do Baile;
2º lugar – Lili Marlene, com Madame Butterfly;
3º lugar – Fernanda Shelman, com Pássaro Proibido.

Categoria Masculina Luxo:
1º lugar – Jorge Costa, com Mercador Chinês;
2º lugar – Clóvis Bornay, com Diabo de Olhos Verdes;
3º lugar – Paulo Varelli, com Demônio da Índia.

Zacarias do Rego Monteiro recebeu o título de *hors concours* pelo seu Pierrô. Era a sétima versão que ele apresentava, e cada uma mais bonita que a outra.

O **24° baile** foi no dia 29 de fevereiro de 1960. A decoração "Turbilhão" teve a assinatura de Newton Sá, e duas convidadas especiais ficaram encantadas com tudo que viram e ouviram, as atrizes Linda Darnell e Za Za Gabor. Mais uma vez o concurso de fantasias atingiu um nível altíssimo e o resultado foi o seguinte:

Categoria Feminina Luxo:
1° lugar – Violeta Botelho, com Maria Tereza;
2° lugar – Marlene Paiva, com Amazonas;
3° lugar – Hilda Hasson, com Alvorada em Brasília.

Categoria Feminina Originalidade:
1° lugar – Núcia Miranda, com Proserpina;
2° lugar – Francis Marinho, com Aurora Boreal;
3° lugar – Lili Marlene, com Bal Masqué.

Categoria Masculina Luxo:
1° lugar – Clóvis Bornay, com Mar Azul;
2° lugar – Evandro de Castro Lima, com Estátua Barroca;
3° lugar – Mauro Rosas, com Mosqueteiro.

Categoria Masculina Originalidade:
1° lugar – Jorge Costa, com Souvenir de Veneza;
2° lugar – Augusto Silva, com Fausto;
3° lugar – Eky Santos, com Galo de Briga.

Categoria Grupo:
1° lugar – Feitiço Bossa Nova;
2° lugar – Feiticeiros do Império.

Clóvis Bornay
Mandarim Maravilhoso

O **25º baile** foi realizado no dia 13 de fevereiro de 1961. "Motivos Concretos" foi o título da decoração de Newton Sá, afinal o concretismo estava no auge. O ator Jean-Pierre Aumont e a *socialite* Ira de Furstenberg foram os convidados especiais.

As fantasias premiadas foram as seguintes:

Categoria Feminina Luxo:
1º lugar – Denise Zelequet, com Isabel, Rainha de Portugal;
2º lugar – Judite Bueno, com Imperatriz Teodora de Bizâncio;
3º lugar – Regina Vitória Hasson, com Madame Du Barry.

Categoria Feminina Originalidade:
1º lugar – Hilda Hasson, com Leda, Rainha de Esparta;
2º lugar – Francis Marinho, com Pássaro de Fogo;
3º lugar – Núcia Miranda, com Dama das Camélias.

Categoria Masculina Luxo:
1º lugar – José Freitas, com Mil e Uma Noites;
2º lugar – Evandro de Castro Lima, com Lohengrin;
3º lugar – Jorge Valverde, com O Pássaro e o Pajem.

Categoria Masculina Originalidade:
1º lugar – Aloísio Queiroz, com Rei Zulu;
2º lugar – Eky Santos, com Átila, Rei dos Hunos;
3º lugar – Paulo Melo, com Feiticeiro da Rainha.

Categoria Grupo:
1º lugar – Moleques Coloniais, de Luiz Feitosa;
2º lugar – O Primeiro Natal da Guanabara, de Luiz Seregido.

O júri concedeu o título de *hors concours* a Clóvis Bornay, outorgando-lhe a Medalha de Ouro D. Pedro II, pela fantasia Lys de Ouro em Campo Azul – Luiz XV.

No **26º baile**, realizado no dia 5 de março de 1962, houve uma outra reformulação no concurso, classificando apenas as categorias femininas e grupo.

Categoria Feminina:
1º lugar – Judite Bueno, com Neve de Kilimanjaro;
2º lugar – Regina Lemos, com Cleópatra;
3º lugar – Fernanda Shelman, com Exceções do Século XVIII.

Categoria Grupo:
1º lugar – Totens;
2º lugar – Leões Nipônicos;
3º lugar – Frevo Espacial.

O júri concedeu o título de *hors concours* a Madalena Santos, por sua fantasia Anastácia, Grã-Duquesa da Rússia.

Um prêmio especial foi concedido ao grupo Mercado Persa, pela riqueza dos trajes.

Evandro de Castro Lima impressionou o júri com sua caracterização de D. Pedro I, sendo-lhe concedido o Grande Prêmio Teatro Municipal.

Para o **27º baile**, no dia 25 de fevereiro de 1963, os artistas Kirk Douglas, Rossano Brazzi e Rhonda Fleming vieram como convidados. Os premiados do ano foram:

Categoria Feminina Luxo:
1º lugar – Marguerite Marie-Ventre, com Borboleta do Paraíso;
2º lugar – Isadora Queiroz, com Salambô;
3º lugar – Judite Bueno, com Quedas do Iguaçu.

Categoria Feminina Originalidade:
1° lugar – Núcia Miranda, com Mata Hari;
2° lugar – Marlene Paiva, com Jogo Proibido;
3° lugar – Wilza Carla, com Aquarela do Brasil.

Categoria Grupo:
1° lugar – Andadores de Buda;
2° lugar – Caboclos de Lança;
3° lugar – Tunhambô.

A convite da direção do teatro, desfilaram as seguintes fantasias masculinas:

Clóvis Bornay, com Bóris Godunov – Czar de Todas as Rússias;
Evandro de Castro Lima, com Rei Salomão;
Mauro Rosas, com El Cid;
Augusto Silva, com Cavaleiro da Noite;
Jorge Costa, com Pierrô Real.

Esse ano marcou a saída de Antônio Ribeiro Martins da coordenação e apresentação dos concursos, funções que ele ocupava desde a década de 50, não só no Teatro Municipal, mas em vários clubes como o Monte Líbano, por exemplo. Ele tornou-se famoso através de um programa na Rádio Cruzeiro do Sul, "Hora da Broadway", e da apresentação dos prestigiosos Desfiles Bangu, anual lançamento dos tecidos da conhecida fábrica, cujas manequins eram moças da chamada tradicional sociedade carioca.

A partir do ano seguinte, a responsabilidade passou para a dupla Belino Mello e Arnaldo Montel, que constituiu a firma Bentel, passando a empresar a maioria dos concursos e desfiles de fantasias não só no Rio, como em todo o país.

O **28° Baile de Gala do Teatro Municipal**, realizado no dia 10 de fevereiro de 1964, tornou-se histórico porque, pela primeira vez, uma integrante de escola de samba concorria. E isso só aconteceu, justiça lhe seja feita, por causa da interferência direta do Governador Carlos Lacerda, anulando a extemporânea e preconceituosa decisão da direção do concurso. A concorrente em questão era Isabel Valença, famosa e conhecida como Chica da Silva, destaque principal do Salgueiro e que desfilaria com sua espetacular fantasia Rainha Rita de Vila Rica, do enredo Chico Rei que a sua escola apresentaria naquele ano. E o resultado do concurso foi o seguinte:

Categoria Feminina Luxo:
1° lugar – Isabel Valença, com Rainha Rita de Vila Rica;
2° lugar – Deodora Deps, com Dona Maria II de Portugal;
3° lugar – Núcia Miranda, com Semíramis – Rainha dos Assírios.

Categoria Feminina Originalidade:
1° lugar – Marlene Paiva, com Palas Atenea;
2° lugar – Wilza Carla, com Sinfonia de Inverno;
3° lugar – Terezinha Correa, com Viúva Negra.

Categoria Masculina Luxo:
1° lugar – Evandro de Castro Lima, com Sagração de Napoleão;
2° lugar – Ernani Morgado, com Dodge de Veneza;
3° lugar – Augusto Silva, com Rei Midas.

Categoria Masculina Originalidade:
1° lugar – Domingos Otero, com Vendedor de Máscaras;
2° lugar – Jorge Costa, com Atlântida – Tesouro Submerso.

Isabel Valença (Chica da Silva) – Rainha Rita de Vila Rica, 1964

Categoria Grupo:
1° lugar – Havaianas;
2° lugar – Risos e Guizos.

Desfilaram *hors concours* Marguerite Marie-Ventre, com Primavera na Holanda, e Clóvis Bornay, com Marajá da Índia, portando um grande laço preto em sinal de luto pela morte do compositor Ary Barroso, que tinha acontecido na véspera, no domingo de carnaval.

O **29° baile**, no dia 1° de março de 1965, foi em homenagem ao IV Centenário da Cidade do Rio de Janeiro, motivação para ele ser ainda mais bonito e mais animado. E foi.

A fantasias classificadas foram:

Categoria Feminina de Luxo:
1° lugar – Núcia Miranda, com A Condessa de Barral;
2° lugar – Marguerite Marie-Ventre, com Princesa Isabel;
3° lugar – Judite Bueno, com Nair de Teffé – A Grande Dama da República.

Categoria Feminina Originalidade:
1° lugar – Wilza Carla, com Pequena Notável;
2° lugar – Francis Marinho, com Sinhá Moça;
3° lugar – Sônia Grillo, com Feiticeira da Branca de Neve.

Categoria Masculina Luxo:
1° lúgar – Evandro de Castro Lima, com Triunfo de São Sebastião;
2° lugar – Augusto Silva, com A Última Valsa do Imperador.

Categoria Masculina Originalidade:
1° lugar – Geraldo Cavalcanti, com Aparição de Saci;

2° lugar – Paulo Melo, com Marionetes;
3° lugar – Jorge Costa, com Funeral do Rei Nagô.

Categoria Grupo:
1° lugar – Rio de 400 anos;
2° lugar – Folias Quatrocentão.

Um prêmio especial foi concedido ao grupo Dominó do Rio Antigo, criação de Clóvis Bornay, pelo luxo das fantasias. O próprio Clóvis também desfilou como *hors concours*, apresentando a sua fantasia Estácio de Sá, Fundador da Cidade do Rio de Janeiro.

No **30° baile** estiveram como personalidades convidadas o Prêmio Nobel de Física de 1965, Richard Feejman, o Marquês de Villa Verde e o Generalíssimo Franco, e aconteceu no dia 21 de fevereiro de 1966. As fantasias vitoriosas foram:

Categoria Feminina Luxo:
1° lugar – Margarida Irene de Lima, com Catarina II da Rússia;
2° lugar – Judite Bueno, com Iemanjá;
3° lugar – Hilda Hasson, com Saravá.

Categoria Feminina Originalidade:
1° lugar – Marlene Paiva, com Arcanjo;
2° lugar – Mercedes Batista, com Dandalena de Angola;
3° lugar – Sônia Neves de Brito, com Caminho da Rússia.

Categoria Masculina Luxo:
1° lugar – Olímpio Nascimento, com Sonho de Inverno;
2° lugar – Augusto Silva, com Esplendor e Magia;
3° lugar – Simão Carneiro, com Rei da França.

Categoria Masculina Originalidade:
1º lugar – Luiz Fedrin, com Caçador de Cabeças;
2º lugar – Nelson Azevedo, com Cinzas de Pierrô;
3º lugar – Paulo Melo, com Visconde de Sabugosa.

Categoria Grupo:
1º lugar – Abassa de Oxossi;
2º lugar – Carnaval em Op Art.

Como *hors concours* desfilaram Clóvis Bornay, com Sua Majestade o Samba, e Evandro de Castro Lima, com Crepúsculo.

O **31º baile** foi realizado no dia 6 de fevereiro de 1967. O barão Von Krupp e a atriz Gina Lollobrigida estavam entre os convidados especiais. As fantasias premiadas foram as seguintes:

Categoria Feminina Luxo:
1º lugar – Marlene Paiva, com Maria de Médicis.

Categoria Feminina Originalidade:
1º lugar – Glória Pereira, com O Casamento de Dona Baratinha.

Categoria Masculina Luxo:
1º lugar – Augusto Silva, com Ídolo de Cristal.

Categoria Masculina Originalidade:
1º lugar – Mauro Rosas, com Glória em Pedra Sabão.

Desfilaram como *hors concours* Clóvis Bornay, com Alexandre Magno, e Evandro de Castro Lima, com Epopéia Farroupilha.

O **32º baile** foi no dia 26 de fevereiro de 1968. A decoração foi do cenógrafo Pedrini que escolheu o tema "Amor à Margarida". Aqui estão as fantasias premiadas:

Categoria Feminina Luxo:
1º lugar – Tânia Granado, com Eugenia de Montijo;
2º lugar – Francis Marinho, com Sacerdotisa do Tibete;
3º lugar – Vera Lúcia Castro, com Cântico dos Cânticos.

Categoria Feminina Originalidade:
1º lugar – Wilza Carla, com Branca de Neve e os Sete Anões;
2º lugar – Mercedes Batista, com Luar de África;
3º lugar – Mary Marques, com Bonecas dos Contos de Hoffman.

Categoria Masculina Luxo:
1º lugar – Augusto Silva, com Procissão de Sardan;
2º lugar – Mauro Rosas, com El Henrique – O Magnífico;
3º lugar – Olímpio Nascimento, com Glória a Java.

Categoria Masculina Originalidade:
1º lugar – Juarez Vianna, com O Cupido Dourado;
2º lugar – Jorge Costa, com Folia da Margarida;
3º lugar – Paulo Melo, com Paliteiro de Prata.

O **33º baile** esteve animadíssimo. Segundo declarações feitas na época por Vieira de Melo, diretor do teatro e grande incentivador dos concursos, foi o de maior receita até então. Foi esta a classificação das fantasias concorrentes:

Categoria Masculina Luxo:
1º lugar – Simão Carneiro, com Aleluia, Aleluia – Portugal, Esplendor de uma Era;
2º lugar – Evandro de Castro Lima, com Harum Al Rachidi – Califa de Bagdá;

3º lugar – Clóvis Bornay, com Sidarta Gautama, o Príncipe Asiático.

Categoria Feminina Luxo:
1º lugar – Marlene Paiva, com Poder e Glória.

Categoria Feminina Originalidade:
1º lugar – Darla de Abreu, com A Gata de Visom.

No **34º baile**, em 1970, não houve concurso. Clóvis Bornay, que gravou a marcha de João Roberto Kelly "Paz e amor", foi com uma fantasia que representava o tema da música.

O Baile do Municipal continuou até a sua **37ª edição**, em 1975, porém sem concurso de fantasias que, a partir de 1972, transferiu-se para os salões do Hotel Glória, mantendo a tradição da segunda-feira gorda.

De 1972 a 1975 o concurso de fantasias inéditas transformou-se, ganhou outro título, Rio Carnaval Show, e outros organizadores, os empresários Belino Mello e Arnaldo Montel. Não havia mais baile, só o concurso. O baile oficial do carnaval carioca nesse ano foi realizado no dia 10 de fevereiro pela Riotur, a empresa de turismo da cidade do Rio de Janeiro, no Hotel Nacional – Rio, recém-inaugurado e com decoração de Arlindo Rodrigues.

Os vitoriosos do concurso em 1975 foram:

Categoria Feminina Luxo:
1º lugar – Margarone Vidal, com Folias Parisienses;
2º lugar – Heile Bergamasco, com O Encontro Apoteótico da Rainha de Sabá com o Rei Salomão;
3º lugar – Isabela Dantas, com Naná – Adorável Pecadora.

Categoria Feminina Originalidade:
1º lugar – Marlene Paiva Mafra, com Girassóis da Rússia;
2º lugar – Emilse Belisário, com Os Amores de uma Colombina;
3º lugar – Ivete Garrido, com Oferenda a Tailoc.

Categoria Masculina Luxo:
1º lugar – Evandro de Castro Lima, com Auto de Glória do Rio Grande do Sul;
2º lugar – Jesus Henrique, com Tristão;
3º lugar – Hugo Vernon, com El Gitano.

Categoria Masculina Originalidade:
1º lugar – Elói Machado, com O Patinado – Voando Sobre Nuvens;
2º lugar – Carlos Morais, com Preto Velho;
3º lugar – Simão Carneiro, com Rataplan.

Em 1976, foi realizado no dia 1º de março o **I Baile Oficial da Cidade do Rio de Janeiro**, exatamente no dia em que a cidade comemorava 411 anos. O local foi a cervejaria Canecão, com a decoração do cenógrafo Mário Monteiro intitulada "Avant Première de Gala". Nesse ano inaugurou-se uma novidade: o concurso foi no Hotel Glória, mas as 12 fantasias melhor colocadas desfilaram no Baile do Canecão, que assumia o lugar e a importância do Teatro Municipal que, na verdade, ficava depredado depois da festa.

A partir de 1977, o baile passou a ser no sábado e assim ficou, sempre no Canecão, até 1983. Assim como acontecia no Municipal, várias personalidades internacionais vinham como convidadas especiais trazidas pela prefeitura através dos contatos do assumido playboy Jorge Guinle e do colunista Ibrahim Sued.

Em 1984, o baile voltou para o Hotel Nacional – Rio, organizado por Ricardo Amaral, proprietário de algumas casas noturnas e restaurantes de sucesso na noite carioca. O concurso continuava no Hotel Glória – só em 1977 foi no Museu de Arte Moderna – e os vitoriosos eram apresentados por Arnaldo Montel e Belino Mello numa pausa do baile.

De 1985 a 1991, o cenário do baile oficial passou a ser a casa noturna Scala, do *restaurateur* Chico Recarey, e sempre com a apresentação das fantasias premiadas no Hotel Glória.

Desde então a prefeitura da cidade deixou de promover o baile que, no sábado, abria oficialmente o carnaval. Em compensação, vários bailes vêm sendo realizados nos mais variados bairros e subúrbios para um público cada vez maior e mais animado, com centenas de músicos e dezenas de cantores que sempre foram fiéis à festa.

Quem herdou aquela posição foi o Copacabana Palace Hotel, que fez o seu primeiro baile no sábado de carnaval em 1924, pouco depois de inaugurado, instituindo uma tradição que durou várias décadas com sucesso crescente. Nos primórdios era uma festa quase exclusiva da elite carioca, tanto que no carnaval de 1933, quando o tema foi “Baile à Moda do Primeiro Império”, a maioria das pessoas mandou confeccionar na Europa trajes de época tão suntuosos quanto os usados na corte napoleônica, como assinalou Ricardo Boechat em seu livro biográfico do hotel. Com o tempo, e essa é a tendência, diria mesmo uma das marcas do carnaval, a festa foi-se democratizando, lotando os vários salões com pessoas procedentes de vários segmentos sociais e raciais, desde que pudessem pagar o preço do ingresso e atender à recomendação de usar fantasia ou traje a rigor.

Em 1935, a direção do hotel viu-se obrigada a indenizar os concessionários do cassino pelo uso dos salões e pela interrupção do jogo por três dias, contando com a montagem e a desmontagem da decoração.

Para se ter uma idéia de como o baile mobilizava a cidade, os hóspedes e gente do exterior, as reservas eram feitas com um ano de antecedência.

Havia também desfile de fantasias envolvendo sempre os nomes famosos de Evandro de Castro Lima, Clóvis Bornay e o eterno pierrô Zacarias do Rego Monteiro. No júri de notáveis estavam conhecidos jornalistas, artistas plásticos, gente do *café society* e personalidades estrangeiras.

O Baile do Copa, como ficou sendo e ainda é conhecido, rivalizava em fama e prestígio com o do Municipal. Conseguir um convite com Oscar Ornstein, o relações públicas do hotel e ele mesmo uma figura carimbada da cidade, era uma prova absoluta de prestígio.

Em 1973 encerrou-se o primeiro ciclo, que só foi reiniciado em 1993, por Philip Carruthers, gerente geral e carioca convicto, com a assessoria de Sidney Pereira e depois de Anna Maria Tornaghi. Ainda no sábado de carnaval, agora sem desfile de fantasias, apenas com prêmios atribuídos ao "folião mais animado", à "fantasia mais espetacular" e ao "grupo mais animado", o Baile do Copa, com a sempre surpreendente decoração de Zeka Marques, continua sendo uma referência do carnaval carioca; na prática, o Baile Oficial da Cidade.

Poucas cidades no Brasil, e ousaria até dizer do mundo, terão tido tantos bailes de carnaval como o Rio de Janeiro. A começar pelas sociedades, cuja temporada começava a partir do réveillon, passando por clubes esportivos, associações de classe e hotéis, o calendário carnavalesco sempre foi pródigo em bailes. Nos meses de janeiro e fevereiro as tardes eram animadas com os bailes do Cabide (cada um ganhava o seu na entrada), e Mamãe Eu Vou às Compras (boa desculpa para as moçoilas).

Entre os mais notórios nas últimas décadas podem ser listados o da Associação dos Empregados do

Marilene Dabus e Márcio Braga, criadores do Baile do Vermelho e Preto

Comércio, do Quitandinha, do Sírio e Libanês, do Vermelho e Preto, do Guanabara, do Magnatas – com sua tradicional Noite dos Horrores –, do Bola Preta, do Havaí, no Iate Clube, e do Monte Líbano, com a famosa Noite em Bagdá, que fazia a delícia das revistas além de gerar vídeos capazes de transformar filme pornô em conto infantil.

Por iniciativa do produtor musical Guilherme Araújo, o Rio teve durante 15 anos a partir de 1978, na sexta-feira que antecede o carnaval, um dos mais lindos e elegantes bailes da cidade, o *Sugar Loaf Carnival Ball*, ou seja, o Baile do Pão de Açúcar. Naquele cenário deslumbrante centenas de pessoas cantavam, pulavam e só paravam para aplaudir o sol nascente.

Outro baile que merece menção honrosa é o Caju Amigo, invenção de Carlos Niemeyer e seus amigos, entre os quais Mário Saladini, Mariozinho de Oliveira, Paulinho Soledade, Carlos Peixoto, Celmar Padilha, os irmãos Ibrahim e Alberto Sued, Fernando Lobo, o milionário Baby Pignatari e o príncipe D. João de Orleans e Bragança, auto-denominados cafajestes. O primeiro dos Cajus foi realizado na boate Vogue, destruída num trágico incêndio no dia 15 de agosto de

1955, cujo proprietário era o barão Von Stuckart, a quem se atribui a introdução do *strogonoff* na cozinha brasileira.

Caju amigo era a denominação de uma bebida que misturava a referida fruta, espremida a mão, como enfatiza Mariozinho, com doses de gim para uns e vodca para outros. O baile nasceu em 1951 de uma saudade coletiva, saudade que todos os acima citados tinham de Edu (Carlos Eduardo de Oliveira), piloto de aviões Constellation da Panair do Brasil, que morrera num acidente aéreo um ano antes. Além de inspirar o baile, o comandante Edu, como era conhecido nas noites do Rio, inspirou também a marcha "Zum, zum", de Paulinho Soledade e Fernando Lobo, grande sucesso do carnaval de 1951, gravado por Dalva de Oliveira.

Oi, zum, zum, zum
Zum, zum, zum
está faltando um!

Ele que era o porta-estandarte
E que fazia alaúza e zum zum

Carlinhos Niemeyer – o carioca padrão

Hoje o bloco está mais triste sem ele,
Está faltando um!
Bateu asas, foi embora
Não apareceu
Nós vamos sair sem ele
Foi a ordem que ele deu!

No Caju ninguém pagava nada. Carlos Niemeyer, o Nini, arrecadava contribuições dos vários amigos e com isto alugava o salão, pagava a orquestra, que nos primeiros anos foi liderada por Sebastião Cirino, e a decoração. Nem precisa dizer que os convites eram disputados a tapas. Belas mulheres não faltavam, bebida tampouco.

Creio valer a pena informar sobre Sebastião Cirino, compositor do clássico "Cristo nasceu na Bahia", em parceria com Duque, que foi um dos grandes sucessos dos Oito Batutas no Brasil e no exterior. Tocava trompete e violão, e ganhava a vida nos seus últimos anos escrevendo melodias de compositores que não sabiam música. Ele viveu catorze anos na França e chegou até a receber a comenda *Diplome de Croix d'Honner de Chevalier d'Education Civique*.

Um dos episódios marcantes da história do Baile do Caju Amigo, que sempre foi um pré-carnavalesco, e muitas vezes vespertino, aconteceu em 1980. Ao terminar a festa que naquele ano foi reali-zada na boate Sucata, de Ricardo Amaral, que ficava às margens da Lagoa Rodrigo de Freitas, por volta das seis horas da tarde Nini liderou um grande corso em direção a Copacabana. Foram mais de vinte carros, incluindo caminhonetes abertas, numa das quais ia a orquestra. Passando pela Cruzada São Sebastião, conjunto habitacional de pobres, criado por Dom Helder Câmara, ele deixou que alguns moradores subissem, engrossando o cortejo. Quando a parada chegou ao Copacabana Palace, por sua iniciativa muitos mergulharam na piscina – incluindo, é claro, o pessoal da Cruzada –, para desespero da direção do hotel.

Outra agitação carnavalesca que a rigor não é um baile, mas fixou-se no calendário festivo é a Feijoada do Amaral, promovida pelo inquieto e criativo Ricardo Amaral, talvez o paulista mais carioca do Brasil, proprietário de casas noturnas verdadeiros marcos como a Sucata, o bar Zeppelin e a longeva Hippopotamus, onde aconteceu a primeira feijoada em 1979 e que ainda hoje é um grande acontecimento no sábado de carnaval. No início era gratuita, entrava quem ganhasse uma camiseta, que Amaral só distribuía no

Júlio Machado – Xangô, Encanto das Iabás
hors-concours em luxo masculino, 2000

dia, para evitar fraude. Cresceu de tal maneira que as camisetas passaram a ser vendidas e ainda assim disputadas quase a tapas. Também, pu-dera, é uma das maiores concentrações de mulher bonita por metro quadrado que se conhece.

Concluindo esta relembrança dos bailes de carnaval, não podemos deixar de mencionar o Baile dos Pierrôs, pré-carnavalesco criado por Eneida de Moraes, ativa militante da grande festa, autora do livro básico História do Carnaval Carioca, obra que deslanchou o interesse para se reunir documentação a ele relacionada.

Nos anos 60, o baile retomava o espectro dos bailes primevos do Teatro Fênix e do Hotel Glória, onde se reuniam artistas de várias áreas. Ao Baile dos Pierrôs iam escritores e jornalistas como Lúcio Rangel, Sérgio Porto, José e João Condé, Fernando Lobo, Haroldo Barbosa, Eustórgio de Carvalho (Mr. Eco), Fernando Lopes, Paulo Mendes Campos e José Sanz; editores como José Olímpio, Carlos Ribeiro e Irineu Garcia; artistas plásticos como Lan, Augusto Rodrigues, Antônio Bandeira, Di Cavalcanti e Raimundo Nogueira; cantores como Elizeth Cardoso e Agostinho dos Santos; bailarinas como as irmãs Marinho; e ainda o compositor Luiz Antônio, Carminha Araújo e muito mais gente.

Eneida reinava absoluta com seu belo pierrô preto e branco.

Capítulo 11

A canção carnavalesca

HOMENAGEM AO GLORIOSO
CLUB DOS FENIANOS

ZEZE'... NÃO GOSTO DESTA MULHER

Marcha Carnavalesca

Rs. 2.000

Esta musica acha-se gravada
em disco
ODEON

Letra e Musica
de LUIZ SAMPAIO
(Caréca)

CASA VIEIRA MACHADO
F. A. Pereira

Rio de Janeiro.
Rua do Ouvidor No 179

As primeiras músicas que animaram o carnaval carioca tinham várias procedências. Poderia ser francesa como "*Les pompiers de Nanterre*" que tornou-se o nosso eterno "Viva o Zé Pereira", portuguesa como a "Caninha verde", americana como o *cakewalk*, cubana como a *habanera*, além de maxixes e chulas, valsas e *schottisches*. Nas ruas os foliões incentivavam os palhaços, também chamados de *clowns*, cantando:

Ô raio, ô sol
esplende a lua
bravos ao palhaço
que anda na rua!

E quando encontravam os velhos, fantasia igualmente favorita nos carnavais da época, mudavam a letra:

Ô raio, ô sol
suspende a lua
bravos ao velho
que está na rua !

"Ó abre alas", de Chiquinha Gonzaga, marcou uma nova etapa, abriu um fértil caminho que se desenvolveu criando um gênero novo e duradouro, a canção carnavalesca. No rastro do seu sucesso os autores começaram a surgir, uns aproveitando o teatro de revistas, outros glosando os assuntos em voga. No carnaval de 1903, a cidade inteira perguntava, cantando uma cançoneta de Ernesto de Souza, "Quem inventou a mulata?"

Nesse mesmo ano, quando o Pereira Passos modificava o traçado da cidade abrindo a Avenida Central e o sanitarista Oswaldo Cruz lutava contra a febre amarela e a peste bubônica, transmitida pelos ratos que surgiam como batalhões de roedores dos buracos e das demolições, apareceu um novo e rendoso esporte no Rio: a caça aos ratos. As autoridades pagavam por cabeça os ratos apreendidos, por isso era comum se ver gente com sacos às costas, cheios do repelente animal, apregoando como se fora uma mercadoria normal: "Rato! Rato!"

Partindo daí, Casemiro Rocha, trompetista da Banda do Corpo de Bombeiros, e Claudino Costa, desenvolveram a idéia e fizeram a polca "Rato, rato", que viria a ser o grande sucesso carnavalesco de 1904:

Rato, rato, rato
por que motivo tu roeste meu baú ?
Rato, rato, rato
Audacioso e malfazejo gabiru.
Rato, rato, rato
Eu hei de ver ainda o teu dia final
a ratoeira te persiga e consiga
satisfazer meu ideal.

Dois anos depois, o sucesso que dominaria o carnaval era um tango-chula, "Vem cá, mulata", de Arquimedes de Oliveira, sobre versos de Bastos Tigre, cujo andamento ou *levada* pressentia o maxixe. Esta composição é de 1902, mas só atingiria o sucesso arrasador em 1906.

Vem cá, mulata
Não vou lá, não.
Vem cá, mulata
Não vou lá, não.

Sou democrata
Sou democrata
Sou democrata
de coração.

Os Democráticos
Gente jovial

Somos fanáticos
Do Carnaval
Do povo vivas
Nós recolhemos
De nós cativas
Almas fazemos.

Ao povo damos
sempre alegria
e batalhamos
pela folia.
Não receiamos
nos sair mal
a letra damos
no Carnaval.

A música caiu no gosto popular, atravessou o carnaval e continuou sendo cantada por muitos anos nos bailes dos Democráticos e em suas passeatas.

A canção carnavalesca tem servido, ao longo do tempo, como uma charge musical, registrando desmandos e debochando dos poderosos ou das situações que eles causam. Um dos exemplos mais clássicos é a polca "No bico da chaleira", de Juca Storoni, pseudônimo do maestro Costa Júnior. A alusão era ao senador gaúcho Pinheiro Machado, chefe do Partido Republicano Conservador, no princípio do século XX a maior força política do país. Todos gravitavam em torno dele, quem mandava e quem obedecia. Sua residência era a meca de quem ambicionava desenvolver uma carreira política. Conta-se que, em certa noite, um deputado nortista, no afã de ser o primeiro a servir o chefe, queimou os dedos segurando a chaleira pelo bico.

A história correu logo de boca em boca pelas ruas do Rio, nascendo a expressão *pegar no bico*, que significava "adular" e que depois virou "puxa-saco". Por extensão, *chaleira* passou a ser "adulador", e *chaleirar*,

O GAVIÃO CALÇUDO

SAMBA

Da Revista
"GUERRA AO MOSQUITO"
DE
MARQUES PORTO e LUIZ PEIXOTO

Musica de
Alfredo da Rocha Vianna (Pixinguinha)

CASA VIEIRA MACHADO — F. A. Pereira
179 — RUA DO OUVIDOR — 179
Telephone Norte 5937

"bajular", o que já consta no Aurélio. E no carnaval de 1909 não deu outra coisa :

Iaiá me deixa subir nesta ladeira,
eu sou do bloco que pega na chaleira !

Pinheiro Machado continuou na ordem do dia dos foliões até mesmo em 1915, quando numa paródia à embolada "Cabôca de Caxangá", de Catulo da Paixão Cearense, surgiram os seguintes versos, sem que se conhecesse o autor:

Mestre Pinheiro, seu Machado
tome tento,
não te metas que o momento
não é mais de brincadeira.
Estamos sem prata, sem níquel,
sem dinheiro,
pode o povo brasileiro
virar pau de goiabeira.

Vem cá, Pinheiro, vem cá
e deixa de resingar.

Nesse mesmo ano, o povo caiu na pele do Presidente Marechal Hermes da Fonseca, que tinha o apelido de Dudu. Aproveitando o tema de uma velha canção italiana, J. Carvalho Bulhões fez a polca "Ó Filomena", que dizia assim:

Ó Filomena
Seu fosse como tu,
tirava a urucubaca
da cabeça do Dudu.

Na careca do Dudu
já subiu uma macaca,

por isso, coitadinho
ele tem urucubaca.

Nessa dobradinha carnaval-política existem muitos exemplos. Um dos mais notáveis diz respeito à campanha que deu a vitória a Epitácio Pessoa sobre Rui Barbosa que, depois do resultado, entrou numa fase de silêncio quase absoluto. Sinhô não perdoou, aproveitou o lance e fez este maxixe:

FALA MEU LOURO

A Bahia não dá mais coco
Para botar na tapioca
Pra fazer o bom mingau
Para embrulhar carioca

Papagaio louro
Do bico dourado
Tu falavas tanto
Qual a razão que vives calado

Não tenhas medo
Coco de respeito
Quem quer se fazer não pode
Quem é bom já nasce feito.

Outro exemplo famoso foi o que aconteceu na época da sucessão do Presidente Epitácio Pessoa, em 1921, onde se confrontaram Arthur Bernardes, que tinha sido presidente de Minas Gerais (na época não era governador) e Nilo Peçanha, que tinha como companheiro de chapa o baiano J. J. Seabra. A disputa foi ferrenha e os adversários não se poupavam. Os partidários de Nilo apelidaram Bernardes de *carneiro, rolinha* e *Seu Mé*. Com essa inspiração, Luiz Nunes Sampaio (Careca) e Freire Júnior (Canalha das Ruas) lançaram a marcha

“Ai, Seu Mé”, que terminou sendo proibida e valendo alguns dias de cadeia para os autores. A letra diz assim:

Ai, Seu Mé
Ai, Seu Mé
Lá no Palácio das Águias
Olé!
Não hás de por o pé.

O Zé Povo quer a goiabada
Campista
Rolinha, desista
Abaixe essa crista
Embora se faça uma bernarda
A cacete
Não vais ao Catete.

O queijo de Minas tá bichado
Seu Zé
Não sei por que é!
Não sei por que é!
Prefiro bastante apimentado
Iaiá
O bom vatapá
O bom vatapá.

Esta marchinha foi sucesso em muitos carnavais.

No campo da sátira e da gozação sobre os amigos e inimigos, o carnaval dos anos 20 foi pródigo. Como é sabido, havia uma rixa entre a turma de Pixinguinha e a turma do Sinhô, que tinha uma birra particular com o China, irmão de Pixinguinha e famoso por calçar sapatos de número grande. Usando como base a melodia de uma valsa francesa intitulada “*Geny (C’est pas dificile)*”, Sinhô fez outra marcha de sucesso no carnaval de 1920, “O pé de anjo”:

Eu tenho uma tesourinha
Que corta ouro e marfim
Serve também pra cortar
Línguas que falam de mim.

Ó pé de anjo, ó pé de anjo
És rezador, és rezador
Tens um pé tão grande
Que és capaz de pisar
Nosso Senhor, Nosso Senhor !

A marcha tomou conta das ruas e foi parar no teatro de revistas, que naquela época se nutria dos sucessos aparecidos no carnaval. Carlos Bittencourt e Cardoso de Menezes criaram um dos maiores sucessos, não só daquela temporada, como de muitos anos, que se chamou exatamente "Pé de anjo". A mesma dupla já tinha emplacado outros sucessos a partir de composições de Sinhô, como as revistas "Quem É Bom Já Nasce Feito" e "Papagaio Louro".

Tem certas coisas que só acontecem com o carnaval, não tem explicação ou lógica. Uma delas foi a música que dominou as festas em 1913. Tratava-se de uma música de autor americano, Sam Marshall, cantada por um jamaicano, Sam Lewis: "*Caraboo*". E se pensa que o ritmo era agitado, pra cima, como convém ao carnaval, engana-se. Era uma melodia sentimental, de andamento lento, denominado *one step* sem ne-nhum dado de empolgação. Mas por obra e graça do talento do cançonetista Geraldo que vinha de turnê pela Europa acompanhado de sua parceira, a portuguesa Alda, que deu uma discreta maxixada, melhorou. E o povo a adotou ?

Veja só a letra:

Uma lenda do Norte
conta com singeleza

Dedicada ao Snr. Dr. J. Moura Filho (Mourinha)
A MULATA NÃO SE CASOU...
Marchinha
Letra e Musica de
LUIZ NUNES SAMPAIO
(CARÉCA)
Preço: 2$000

o amor de um guerreiro
a uma jovem princesa.
O pobre namorado
andava apaixonado
pela floresta negra sem fim
a suspirar assim :

Ó minha Caraboo
dou-te meu coração
és a minha paixão
para mim só tu
minha Caraboo

Um dia foi pedir a mão
de sua bela imagem
mas no caminho encontrou
uma tribo selvagem
ouviu-se um grito forte
condenando à morte
Caraboo, enquanto diz :
Ó minha Caraboo!

Dá prá entender? Não dá. São coisas do carnaval carioca. A "*Caraboo*", com essa adaptação de Alfredo Albuquerque, foi gravada em disco Odeon por Roberto Roldan e, segundo os depoimentos da época, não havia na cidade do Rio de Janeiro gramofone, fonógrafo e zonofone que não repetissem a chapa, como então era chamado, por diversas vezes ao dia. Isso sem se falar dos teatros de variedade, cafés-concertos, os cabarés da Lapa e os bares da Rua do Lavradio.

O sucesso foi de tal ordem que na recepção acontecida nos jardins do Palácio do Catete no dia 24 de fevereiro de 1913, quando se comemorava o aniversário da Constituição, a Banda do Corpo de Bombeiros atacou de "*Caraboo*".

A grande virada, porém, no campo da música de carnaval deu-se em 1917 com a chegada de "Pelo telefone", de Donga e Mauro de Almeida, considerado o primeiro samba da história de nossa música popular. Isto porque os autores resolveram inserir na parte de piano a palavra samba, para definir o ritmo, e Donga, num gesto pioneiro, registrou-a na Biblioteca Nacional sob o número 3.295.

Há dúvidas sobre esta condição de primeiro samba do "Pelo telefone"; há dúvidas até sobre a etmologia da própria palavra samba, uns achando que é proveniente do quimbundo (uma das línguas angolanas), e quer dizer "umbigo", e outros, que é vindo do árabe através dos mouros que invadiram a península ibérica. Mas sobre o que não resta dúvida é que esta composição basilar nasceu na casa da baiana Hilária de Almeida, alta dignatária na dinastia do candomblé, conhecida como Tia Ciata, que ficava à Rua Visconde de Itaúna, 117, arredores da Praça Onze, na época conhecida como pequena África.

Curimas, maxixes, chulas, batuques, eram os sons que rolavam no quintal da Tia Ciata nas festas que começavam sexta à noite e iam até o raiar da segunda-feira. Pixinguinha, Donga, João da Baiana, trindade santificada da música brasileira, batiam ponto em todas elas. Estavam sempre presentes também Didi da Gracinda, Caninha, Sinhô, o jornalista Mauro de Almeida, cujo apelido era Peru dos Pés Frios, Hilário Jovino, João da Mata e inúmeros outros.

Aos preceitos da religiosidade afro seguiam-se monumentais peixadas, feijoadas incríveis e carurus magníficos, tudo regado com muita *branquinha* e cerveja preta ou branca.

A razão do nascimento desta composição de Donga e Mauro de Almeida existe até hoje, repressão ao jogo. O chefe de polícia Aurelino Leal determinara nos fins de outubro daquele ano, em ofício publicado amplamente na imprensa, que os delegados distritais lavrassem auto de apreensão de todos os objetos de jogatina encontrados nos clubes. Antes de qualquer providência, porém, ordenara que lhe fosse dado o aviso pelo telefone oficial. Aí surgiu a letra que era uma gozação-fato:

O chefe da folia
Pelo telefone
Mandou me avisar
Que com alegria
Não se questione
Para se brincar

Ai,ai,ai
É deixar mágoa pra trás
Ó rapaz.
Ai,ai,ai
Ficas tristes se és capaz
E verás.

Tomara que tu apanhes
Pra não tornar a fazer isso
Tirar a mulher dos outros
Depois fazer teu feitiço.
Ai, se a rolinha
Sinhô, sinhô
Se embaraçou
Sinhô, sinhô
É que a avezinha
Sinhô, sinhô
Nunca sambou
Sinhô, sinhô
Porque este samba
Sinhô, sinhô
De arrepiar
Põe perna bamba

Sinhô, sinhô
Mas faz gozar
Sinhô, sinhô!

Quando o jornal A Noite, de Irineu Marinho, então o jornal mais popular da cidade, para provar a ineficiência da ordem policial colocou no Largo da Carioca umas roletas falsas, feitas de papelão, e fotografou pessoas jogando, surgiu uma das versões mais conhecidas e engraçadas:

O chefe de polícia
Pelo telefone
Manda-me avisar
Que na Carioca
Tem uma roleta
Para se jogar

Ai,ai,ai
O chefe gosta da roleta
Ó maninha
Ai,ai,ai
Ninguém mais forreta
Ó maninha

Chefe Aurelino
Sinhô,sinhô
É bom menino
Sinhô, sinhô
Faz o convite
Pra se jogar
Sinhô, sinhô
De todo jeito
Sinhô, sinhô
O bacará
Sinhô, sinhô
O pinguelim

Sinhô, sinhô
Tudo é assim
Sinhô,sinhô!

Nos primeiros anos do século XX a Festa da Penha era a grande vitrine para as músicas de carnaval. Aliás, sem perder o seu caráter religioso e litúrgico, manifestação pura das tradições portuguesas em nossa terra, a Festa da Penha foi pouco a pouco adquirindo contornos absolutamente cariocas. Nas barracas que ao redor da igreja vendiam guloseimas e vinho, e se cantavam fados e viras, foram chegando outros sons de batuques e sambas-de-roda. Os compositores faziam da Festa da Penha, sempre festejada nos domingos de outubro, a plataforma de lançamento para as músicas que seriam cantadas durante o carnaval. Flautas, cavaquinhos, pandeiros e violões conviviam com as sanfonas, as guitarras portuguesas e os bandolins. Enquanto dentro da igreja ecoava o *Te Deum.*

O clero não apreciava muito essa mistura, mas era difícil coibir. Primeiro porque atraía muita gente, segundo porque o lucro da quermesse não era para se desprezar.

Certo era encontrar a cada domingo o grupo Fala Baixo, de Sinhô (José Barbosa da Silva) que vinha sempre à frente com seu violão; o grupo do Caninha (José Lins de Moraes); alguns integrantes dos Oito Batutas, incluindo Pixinguinha; o grupo Tuna Mambembe, de Raul Malagutti; além de compositores ou músicos avulsos que iam dar uma "pala" das suas criações para o carnaval vindouro.

Demonstrando mais uma vez a convivência do sagrado com o profano, base, aliás, do próprio carnaval, muitas canções de sentido carnavalesco eram dedicadas à santa milagrosa numa exaltação simples, mas muito carinhosa, de homenagem e veneração. Eis aqui alguns eloqüentes exemplos; o primeiro é de Ary Barroso:

RANDE SUCCESSO DOS FESTEJOS DA PENH.

Volta a Palhoça

SAMBA

de J. B. SILVA (Sinhô)

NOVIDADES DO MESMO AUCTOR

N. 1304
PREÇO 2$000-C

«CASINO MAXIXE» — Catêrêtê
«PEGA RAPAZ» — Samba
«BEMZINHO» — Choro-modinha
«SAUDADE» — Samba-choro
«GOLPE-FELIZ» — Marcha-chula
«ALEGRIAS DE CABOCLO»-Canção

Nº 0678

Editores exclusivos
CARLOS WEHRS
47, RUA DA CARIOC
RIO DE JANEIRO - B

VOU À PENHA

Eu vou à Penha, se Deus quiser
pedir à santa carinhosa
para fazer de ti, mulher,
de um coração, a rainha
mais poderosa e orgulhosa.

Eu vou pedir com toda fé
e todo o ardor de um namorado;
eu sei que a santa quer pureza
e meus olhos vão dizendo
o que sinto com certeza.

O outro é de Nestor Brandão, que faz alusão ao pagamento de promessa à santa, feita em forma de ex-voto, no caso um braço de cera:

UM BRAÇO DE CERA

Mulher, a Penha, está aí,
eu lá não posso ir,
um favor vou lhe pedir,
me leva um braço de cera
à santa padroeira,
foi o que lhe prometi.

Pixinguinha também mandou a dele:

PROMESSA

Eu fiz uma promessa à santa milagrosa:
me livre dos maus olhados, oh! Mãe carinhosa.
eu devo a tal promessa e tenho que pagar,
vem a festa da Penha, vou aproveitar.

E Noel Rosa, é claro, não podia faltar:

FEITIO DE ORAÇÃO

Por isso, agora
lá na Penha vou mandar
minha morena pra cantar
com satisfação
e com harmonia
esta triste melodia
que é meu samba
em feitio de oração.

O primeiro concurso de músicas carnavalescas de que se tem notícia aconteceu no Teatro Lírico em 1919 e foi organizado por Eduardo França, mas não repercutiu. Em 1930, a Casa Edson patrocinou e organizou um concurso que teve como ganhador do 1º prêmio o compositor Ary Barroso com a marcha "Dá nela".

Ainda nesse mesmo ano dois fatos ajudaram a abrir um novo capítulo na história do carnaval, e nos dois Almirante (Henrique Fóreis), justamente aclamado como "a maior patente do rádio", teve participação decisiva. O primeiro está relacionado com a marchinha de Jararaca e Vicente Paiva "Mamãe, eu quero". Na hora de gravar, todos os que estavam no estúdio não levaram fé na música, sobretudo porque ela era muito curta, estava aquém da exigência do tempo de um disco. Repetir mais de duas vezes ia ficar chatíssimo; foi então quando Almirante, que nem sabia por que, mas acreditava na música, resolveu inventar um diálogo com Jararaca para aumentar a duração. A má vontade era tão grande que o banjoísta errou um acorde e ninguém ligou. Não valia a pena começar tudo de novo.

O resto é história. "Mamãe, eu quero" não só foi o maior sucesso do ano, como o maior sucesso de todos os anos, até hoje. Primeira música de carnaval a ser gravada no exterior, um dos maiores êxitos da carreira

Repertorio de Benicio Barbosa
SEU MANÉ LUIZ
SAMBA
BENICIO BARBOSA
INTERESSES AUTORAES
LETRA DE BAHIANO
Rs. 2$000
MUSICA DE ERNESTO DOS SANTOS
(DONGA)
CASA VIEIRA MACHADO
Rua do Ouvidor, 179
Rio de Janeiro
Telephone 5937

de Carmen Miranda, que para muitos americanos ainda é a maior referência brasileira.

O outro episódio foi a decisão que, em boa hora, Almirante teve de pôr dentro de um estúdio de gravação os instrumentos de percussão que eram comuns nos sambas do morro. Ao gravar "Na Pavuna", uma das músicas que mais o identificam como compositor (o parceiro foi Homero Dorneles, também conhecido como Candoca da Anunciação) e cantor, ele convocou o pessoal que conhecia tocando surdo, tamborim, tantã, pandeiro e cuíca, e conseguiu dar um som carioca, mais ritmado, diferente do que se ouvia até então. E a partir desse momento a "batucada", como ficou chamada, nunca mais deixou de acompanhar os cantores de samba.

O carnaval de 1932 foi surpreendido com uma marcha vibrante que, a partir daquele momento, se estabelecia como um sucesso definitivo e perene no âmbito geral da música popular brasileira. Sobre uma composição dos irmãos João e Raul Valença, de Recife, lançada com o título de "Mulata" em 1930, Lamartine Babo escreveu novos versos, criou uma introdução contagiante e rebatizou com o nome de "O teu cabelo não nega". Foi um sucesso fulminante que dura até hoje. A gravação foi feita pela dupla Castro Barbosa e Jonjoca, artistas da RCA Victor, que nascia para contrapor-se a Francisco Alves e Mário Reis, cujo cartaz era total na Odeon.

Segundo entrevista feita por Sérgio Cabral e publicada n'O Globo de 22 de julho de 1976 em matéria cujo título foi "Cruz Cordeiro – O primeiro colunista de discos do Brasil", a marcha de Lamartine e Irmãos Valença foi lançada pela dupla numa festa realizada nos salões do Fluminense Futebol Clube em janeiro de 1932, com uma orquestra de 18 músicos, entre os quais se encontravam o trompetista e compositor Bonfiglio de Oliveira e, à tuba, Eleazar de Carvalho, regidos por Pixinguinha, também autor do arranjo.

Cruz Cordeiro contou que foi um escândalo. Houve sócios tão indignados com a presença de artistas no clube, que se retiraram. Em compensação, quem ficou não conseguiu ficar sentado e dançou sem parar. Ali nascia a carreira desta marcha que é um símbolo do nosso carnaval.

No ano de 1934, a prefeitura do Distrito Federal promoveu um concurso oficial de músicas carnavalescas e quem recebeu o primeiro prêmio na categoria de marcha foi "Tipo sete", de Nássara e Alberto Ribeiro, cantada por Francisco Alves. No gênero samba o campeão foi "Agora é cinza", de Alcebíades Barcelos (Bide) e Armando Marçal, que Mário Reis gravou.

O povo, na sua sabedoria, batizou a marcha de carnaval de *marchinha*, sem que isso representasse alguma coisa depreciativa. Na verdade, era para diferenciar da solene marcha-rancho ou daquela de característica mais marcial. E com isso criou-se um gênero leve, alegre, sempre buliçoso e que tornou-se uma das essências da alma carnavalesca.

O concurso da prefeitura alçou vôo e era prestigiado pelos compositores e cantores mais em voga na época. As músicas vitoriosas ganhavam as ruas nas edições do Jornal de Modinhas que saía semanalmente e os vendedores cantavam, nos discos, nos ainda incipientes programas de rádio, e o fato é que, ainda hoje, muitas são recordadas e cantadas.

Em 1935 aconteceu um caso curioso: a marcha vitoriosa foi "Coração ingrato", de Nássara e Frazão, defendida por Sílvio Caldas e a que ficou em segundo lugar foi "Cidade maravilhosa", de André Filho, cantada por ele e Aurora Miranda. Como a maioria das pessoas não sabe as duas estrofes, aqui vai a letra completa:

Cidade maravilhosa,
cheia de encantos mil !
Cidade maravilhosa,
coração do meu Brasil !

Berço do samba e das lindas canções
que vivem na alma da gente,
és o altar dos nossos corações
que cantam alegremente.
Jardim florido de amor e saudade,
terra que a todos seduz
Que Deus te cubra de felicidade,
ninho de sonho e de luz !

Por proposta do vereador Salles Neto, a Câmara de Vereadores da cidade do Rio de Janeiro aprovou no dia 25 de maio de 1960 a Lei nº 5, que determina "ficar adotada como marcha oficial desta cidade do Rio de Janeiro, respeitando os respectivos direitos autorais, *ex vi* da legislação anterior, a marcha Cidade Maravilhosa, de autoria do compositor André Filho".

No concurso de 1939, um mesmo compositor sagrou-se campeão em samba e marcha: o jornalista, excelente caricaturista e compositor de sucessos Nássara. O samba, em que ele teve como parceiro outro grande do carnaval, Roberto Martins, é "Meu consolo é você", maravilhosa criação de Orlando Silva; e a marcha, no andamento de marcha-rancho, é "Florisbela", em parceria com Frazão e que teve inesquecível interpretação de Sílvio Caldas.

Os concursos eram a grande vitrine e o veículo inicial para os compositores e dificilmente a vitoriosa não se tornava um sucesso. Em 1940, João de Barro e Alcir Pires Vermelho estiveram presentes com a bela marcha "Dama das camélias", na voz de Francisco Alves; em 1941, Ataulfo Alves e Wilson Batista emplacaram o samba "Ó seu Oscar", gravado por Ciro Monteiro, mas defendido pelos autores no dia da final. Em 1951, Gilberto Milfont cantou "Pra seu governo", de Haroldo Lobo e Milton de Oliveira, e saiu campeão. Os exemplos são múltiplos.

A partir dos anos 60 houve um esvaziamento do

repertório carnavalesco aparentemente causado por dois motivos básicos, que podem ser coincidentes ou não. O desaparecimento dos concursos, oficiais ou particulares, e o desinteresse das gravadoras pelo gênero. Cada ano surgia uma ou outra música, mas nos bailes só se cantavam sucessos de outros anos que, por isso, garantiram lugar na memória do povo.

Movido por essa preocupação, em 1967 o Conselho Superior de Música Popular do Museu da Imagem e do Som do Rio de Janeiro, do qual faziam parte, entre outros, Almirante, Eneida, Lúcio Rangel, Aloísio de Alencar Pinto, Sérgio Cabral, Paulo Roberto, Ari Vasconcelos, Hermínio Belo de Carvalho, Ilmar de Carvalho, Nestor de Holanda, Braga Filho, Claribalte Passos, Mozart Araújo, Jacob do Bandolim, Mauro Ivan, Guerra Peixe, Batista Siqueira, Juvenal Portela, Vinícius de Moraes, Sérgio Porto, Jota Efegê, Brício de Abreu, Oneida Alvarenga, Mariza Lira, Dulce Lamas, Sílvio Túlio Cardoso, Manoel Dieges Jr., Renato Almeida, Edson Carneiro, eu e Ricardo Cravo Albin, que era o presidente do MIS, decide fazer a escolha de 29 canções do ano e 32 de carnavais passados para que 18 bandas, contratadas pela Secretaria de Turismo, tocassem em bailes populares. Era o I Concurso de Músicas de Carnaval. Um dos promotores e entusiastas da idéia foi Albino Pinheiro, membro de conselho e, naquela ocasião, relações públicas da secretaria.

A música de maior sucesso foi "Máscara negra", de Zé Kety e Hildebrando Pereira Matos.

No ano seguinte, já contando com a participação e apoio logístico da Rede Excelsior de Televisão, abriram-se inscrições para compositores de todo o país. E pode deixar o queixo cair, foram quase 3.000 músicas, dos mais variados gêneros e assinadas por autores desconhecidos e outros da fama e importância de Pixinguinha, Nássara, Paulo Soledade, Jair Amorim, Evaldo Gouveia, Claudionor Cruz, Pedro Caetano,

REPERTORIO

DOS POPULARES

"OS 8 BATUTAS"

Offerecido pelos autores a BOUVIER E FOGUETÃO

POMBINHA

Samba Carnavalesco do "Club dos Fenianos"

ERNESTO DOS SANTOS (Donga)

ALFREDO VIANNA (Pixinguinha)

CASA OLIVEIRA
MARCA REGISTRADA
PIANOS MUSICA
RIO DE JANEIRO
RUA DA CARIOCA 48

PROPRIEDADE RESERVADA

Successos!	Successos!
POMBINHA, Samba	A. Vianna (Pixinguinha) E. Santos (Donga)
TOADA, Tanguinho	M. Tupynambá
MALHADO, Samba	A. Vianna (Pixinguinha) E. Santos (Donga)
SOCA POERA, Tanguinho	O. Pesce
HERANÇA DE CABOCLO, Samba	A. Vianna (Pixinguinha)
A SUSPIRÁ, Tanguinho	E. do Nascimento
OS 8 BATUTAS, Tango	A. Vianna (Pixinguinha)
SODADE DE MINHA TERRA, Samba	E. T. Souza Bastos
O MARRÔEIRO, Samba	J. Pernambuco
MATUTO ALEGRE, Samba	F. Lavieri
PELO TELEPHONE, Samba	E. Santos (Donga)
SARAMBÉ! Tanguinho	A. Paraguassú
PRIMEIRO NÓS, Samba	A. Vianna (Pixinguinha)
SEM VERGONHA, Tanguinho	J. Aymoré
JÁ TE DIGO, Samba	A. Vianna (Pixinguinha)
TRISTEZA DE CABOCLO, Tanguinho	M. Tupynambá
A COIVARA DO MEU PEITO [Preto e Branco]	J. Pernambuco
AI! BARBINA! Sertaneja	A. Jacomino (Canhoto)
FICA CALMA QUE APARECE, Samba	E. Santos (Donga)
SERTANEJINHA, Tanguinho	B. P. Godinho
TIA DE JUNQUEIRO, Samba	J. Pernambuco
RUANA, Sertaneja	M. Tupynambá
CADÉ ELLE? Samba	E. Santos (Donga)
SAMBA N. 1	M. Braga
SEU COUTINHO PEGUE o BOI, Samba	A. Vianna (Pixinguinha) J. Pernambuco
CHÃO PARADO, Tanguinho	M. Tupynambá
BEM-TE-VI, Toada Sertaneja	A. Vianna (Pixinguinha) J. Pernambuco
POIS SIM! Tango	L. Gregoris

Fernando Lobo, Capiba, gente que tinha se afastado do carnaval por falta de estímulo.

As cinco músicas classificadas foram:

1° lugar – "Amor de carnaval", samba de Zé Kety, cantado pelo autor, com arranjo de Gaya;
2° lugar – "Aquela rosa que você me deu", marcha-rancho de Carolina Cardoso de Menezes e Armando O. Fernandes, cantada por Ellen de Lima, com arranjo de Gaya;
3° lugar – "O craque do tamborim", samba de Antonio Nássara e Luís Reis, cantado por Helena de Lima, com arranjo de Nelsinho;
4° lugar – "Fantasia de arlequim", samba de Paulo Soledade e Augusto Mello Pinto, cantado por Marlene, com arranjo de Gaya;
5° lugar – "Portela querida", samba do Trio ABC (Osvaldo Alves Pereira – Noca, Claudemiro José Rodrigues – Picolino, e Colombo Costa Pinto) cantado por Elza Soares, que ganhou o troféu Carmem Miranda de Ouro, de melhor intérprete. Arranjo de Nelsinho.

Em 1969 o concurso transferiu-se para a TV Tupi, sempre sob a direção do produtor Adonis Karan, que exercia a função desde a Excelsior. A grande final passou a ser feita diretamente do Maracanãzinho, ao vivo, tendo Flávio Cavalcanti como apresentador. O júri era de personalidades, jornalistas e artistas, como Márcia de Windsor, Mr. Eco, José Fernandes, Marisa Urban, Sérgio Bittencourt e Carlos Renato.

O resultado foi o seguinte:

1° lugar – "Levanta a cabeça", de Osvaldo Nunes, cantada pelo autor;
2° lugar – "Avenida iluminada", de Newton Teixeira e Brasinha, cantada por Zé Kety.

Em 1970 o concurso continuou atraindo grandes

compositores e grande público ao Maracanãzinho além da audiência que garantia à TV Tupi.

A classificação ficou assim:

1° lugar – "Primeiro clarim", de Klecius Caldas e Rutinaldo, cantada por Dircinha Batista;
2° lugar – "Não me deixes", de Osvaldo Nunes, cantada pelo autor;
3° lugar – "Bandeira branca", de Laércio Alves e Max Nunes, cantada por Dalva de Oliveira.
Em 1971 o resultado foi o seguinte:

1° lugar – "Bloco da solidão", de Jair Amorim e Evaldo Gouveia, cantada por Marlene;
2° lugar – "Saberás", de Osvaldo Nunes, com ele mesmo.

O campeão de 1972 foi o samba "Mágoa", de Atailor P. Filho e Jorge Veiga, cantado pelo "caricaturista do samba", como Jorge era conhecido, e em 1972 a campeã foi a marcha de João Roberto Kelly "Israel". E o ciclo se fechou.

Em 1975, a TV Globo produziu o programa "Convocação Geral" com a finalidade de selecionar 12 músicas carnavalescas para um LP da Som Livre. A safra não foi ruim, mas não houve o sucesso esperado porque os outros meios de comunicação não aderiram. O ciúme em relação à TV Globo foi maior que o interesse em reabilitar a canção carnavalesca. As rádios não divulgaram, o que dificultou a chegada das concorrentes ao público. Mesmo assim algumas músicas conseguiram se destacar, sendo até cantadas em alguns bailes. Foi o caso de:

"Kung Fu", marcha de Brasinha;

"Jaburu", marcha de J. Júnior cantada por Noel Carlos;

"Romeu e Julieta", marcha de Max Nunes e Laércio Alves, cantada por Blecaute;
"Cordão da Bahia", marcha de João Roberto Kelly, cantada por Emilinha Borba, e a que fez mais sucesso;
"Salve a Mocidade", samba de Luiz Reis na irresistível interpretação de Elza Soares.

Em 1985 e 1986 a TV Manchete realizou dois concursos intitulados Festival Manchete – Riotur de Músicas de Carnaval, com o total apoio e entusiasmo de Adolpho Bloch, que até concorreu no segundo com a marcha "Rainha de Sabá", feita em parceria com Carlos Cruz e Carlos Heitor Cony, defendida com a habitual competência de Emilinha Borba. Mas não ganhou. A vitória foi para o samba "Sorria, o carnaval chegou", de Mauro Diniz, Sereno e Cleber Augusto, vigorosamente interpretado pelo conjunto vocal As Gatas.

Capítulo 12

Os soberanos

Nos cânones da mitologia grega, Momo era o deus da galhofa e do delírio, da irreverência e do achincalhe, e foi expulso do Olimpo porque os outros deuses não suportavam tanta esculhambação. Conta-se ainda que na Roma antiga, na época das saturnais, uma das festas que originaram o carnaval (de *carrum navalis* – carros navais –, que faziam a abertura das Dionisíacas Gregas nos séculos VII e VI a.C., segundo alguns pesquisadores, ou *carne levale* – adeus à carne, em dialeto italiano –, segundo outros), o mais belo soldado era coroado Rei Momo e tratado como soberano, bebendo, comendo tudo e todos, divertindo-se até não mais poder. Depois vinha a conta, isto é, era levado para o altar de Saturno e "oferecido" à divindade. No ano seguinte elegia-se outro.

No Brasil, a sua primeira representação gráfica apareceu na capa da Revista Ilustrada, em 1862, numa caricatura de Henrique Fleuss. Era uma figura rotunda levantando a máscara, sorrindo e tendo um pesado e tosco cetro à mão.

A primeira representação física deu-se num espetáculo encenado no Circo Spinelli, na noite de 21 de junho de 1910. Tratava-se da peça Cupido no Oriente, uma fantástica opereta com um prólogo, um quadro, três atos e uma apoteose, cujos autores eram Benjamim de Oliveira e David Carlos, e que continha, segundo afirmava a publicidade, "28 números de música do talentoso e incansável maestro Paulino Sacramento".

Na distribuição das personagens que seriam interpretadas por Leontine Vignat, Lili Cardona, Balano, Kaumer Pery e outras figuras de destaque do elenco mantido por Affonso Spinelli, avultava a de Benjamim de Oliveira. O consagrado palhaço negro, o primeiro na história circense do Brasil, cuja versatilidade dava-lhe merecida consagração junto ao público, tinha a incumbência de encarnar "o galhofeiro Momo " durante a peça que transportava a mitologia para o harém de um sultão do Oriente. E foi o seu desempenho como vedete do espetáculo que determinou o êxito da peça e acrescentou mais uma personagem na galeria de tipos do famoso palhaço.

Quando o carnaval foi oficializado em 1933, surgiu a idéia de se oficializar também a figura do soberano da folia. No dia 18 de fevereiro daquele ano o jornal A Noite publicava: "A cidade vai receber, logo à noite, Sua Majestade o Rei Momo. Nunca lhe prestaram aqui tão pomposa homenagem e a recepção do soberano da festa vai marcar a vida do carioca. É que, desta vez, Momo chegará no Rio oficialmente e não passará desapercebido como nos outros anos, disfarçado na pele de um diabinho qualquer...

Não sabemos como foi possível à rapaziada do Lord Club – à qual se deve a iniciativa feliz do desencantamento do rei que andava por aí, sem se dar a conhecer – descobri-lo e capturá-lo para que o soberano tomasse a sério o seu cetro, fazendo do Rio a sede do seu reinado. Mas a verdade é que S.M. será trazida logo mais, às 21 horas, à Praça Mauá, a bordo do Mocanguê pelos valentes foliões.

O interventor da cidade, Dr. Pedro Ernesto, ao lado do Dr. Lourival Fontes, diretor da Comissão de Turismo, receberão S.M. assistindo depois, do Edifício d'A Noite, ao desfile de seu cortejo.

Momo desembarcará ao som de clarins marciais e bandas militares, sob aclamação popular.

Possantes holofotes dos nossos navios de guerra, soltos na baía, projetarão sobre a praça, iluminando-a inteira; numa apoteose de luz e alegria, Rei Momo chegará acompanhado da corte e de um grupo de batedores do Moto Clube e guardas de honra dos tradicionais clubes carnavalescos da cidade, Democráticos, Fenianos e Tenentes do Diabo.

Antes do desfile será entregue o cetro...

A chegada ao Cassino Beira-Mar será antes das 24 horas, onde será realizada a festa de coroação, a cargo da Casa dos Artistas.

O programa ficou a cargo da Federação das Sociedades Carnavalescas. A entronização constará de fogos de artifício e da fala do cidadão carioca.

À porta do cassino, para receber Momo, estarão os arautos e a corte de S.M.

A recepção obedecerá ao cerimonial estabelecido por um mestre-de-cerimônias, vestido a caráter e que guiará Momo ao trono, para ter lugar, então, a coroação. A corte formará uma guarda de honra a S.M., vestindo os tradicionais trajes do grande cerimonial e empunhando as trombetas que darão o sinal da coroação rompendo "Ave Momo".

Colocada pelo mestre-de-cerimônias, sobre a fronte "real", a coroa simbólica, será dada a palavra ao cidadão carioca (encarnado por um dos nossos melhores cômicos) que saudará a ascensão de Momo ao trono da grande Sebastianópolis, saudação que deverá ser proferida ao microfone, para ter a mais ampla e completa irradiação.

Será, depois, conduzida S.M. à rotunda do cassino, onde lhe será preparado um palanque real, e de onde assistirá, com seu séquito, à parte final dos festejos, constituída de magnífico número de fogos de artifício.

Zé Pereira Colossal comparecerá à Praça Mauá.

A idéia de reviver-se o Zé Pereira, à chegada do Rei Momo, repercutiu com entusiasmo nas rodas dos nossos mais destemidos foliões. A lista de adesões sobe a um grande número, contando-se clubes carnavalescos, ranchos, cordões e grupos diversos.

O conjunto musical Saltão, tendo à frente seu presidente, Manoel Godinho, virá à Praça Mauá, oferecer ao público uma grande surpresa.

Com a chegada de Momo, estarão abertos os festejos carnavalescos e, amanhã, num requinte de amabilidade, o Lord Club dedicará a A Noite, a bordo do Mocanguê, um dos seus mais suntuosos bailes. "

A deduzir por esta detalhada e entusiasmada descrição, a primeira chegada do Rei Momo ao Rio de Janeiro teve mais pompa e circunstância que a de D. João VI em 1808. Há um detalhe, porém: o Momo era de papelão. Pelo menos em uma das versões que Jota Efegê registrou em matéria publicada no Jornal do Brasil de 11 de fevereiro de 1971. Porque a outra seria que os jornalistas de A Noite Vasco Lima, Raimundo Magalhães Júnior (ele mesmo, escritor, autor teatral e pai da vitoriosa carnavalesca Rosa Magalhães, hoje na Imperatriz Leopoldinense), o caricaturista Fritz (Anísio Mota) e Edgard Pilar Drumond, cujo pseudônimo era Palamenta e na ocasião tinha grande prestígio como cronista esportivo e carnavalesco, juntaram-se e decidiram dar uma forma humana ao Rei Momo, que era festejado nos três dias de carnaval ou tríduo momesco, como os jornais publicavam. O consenso era de que deveria ser alguém alegre, bonachão, bem falante, com cara de glutão – assim eles imaginavam o soberano da folia. Uma visão muito original, porque os reis do carnaval de outros países tinham outra aparência, conforme pode ser constatado em Nova Orleans, Nice ou Colônia. E na redação tinha uma pessoa que se enquadrava perfeitamente no modelo pensado, era o cronista de turfe Moraes Cardoso, que, quando soube da intenção dos colegas, foi logo dizendo: "Eu topo!"

A dúvida é se os dois reis, o de papelão e o de carne e osso (muito mais carne) coexistiram naquele carnaval de 1933. Mas nunca ninguém se preocupou em determinar qual é a versão verdadeira porque carnaval é assim mesmo, tem suas incongruências, suas controvérsias e seus mistérios. A exatidão é sua inimiga.

Voltemos, no entanto, ao nascimento do Rei Momo na sua versão carioca. Depois do "eu topo!" do Moraes Cardoso, tinha-se que arranjar os trajes e os adereços. O Fritz declarou certa vez que ele desenhou a fantasia que foi executada por uma costureira de teatro. Já Raimundo Magalhães Júnior sempre afirmou que foi ele quem teve a iniciativa de ir ao Teatro Municipal e pedir ao maestro Sílvio Piergilli, seu amigo e diretor da casa, para emprestar uma roupa.

Depois de saber da aparência física de quem seria o monarca, Sílvio não teve dúvida e foi buscar a vestimenta de uma das personagens da ópera O Rigolleto, de Verdi, o duque de Mântua. E sob os gritos de saudação "*Vive Le Roi!*" e "Evoé Momo!" comandados por Pilar Drumond, em uníssono com repórteres, contínuos, linotipistas e faxineiros, nascia para a consagração da cidade do Rio de Janeiro o Rei Momo I e Único.

Mas nem tudo foi tranqüilidade, sem contestação. No espírito de bom humor, de sátira inerente aos folguedos carnavalescos, que nos anos 30 era uma marca. João Canalli, Jaime Martorelli, Ari Amarante, Fausto Gomes, Paulo Gonçalves e outros dirigentes do Cordão dos Laranjas, dissidentes do Bola Preta, decidiram criar o Cidadão Momo.

Esse cidadão, um carioca autêntico, saído dos meios do samba, expressando-se em nossa gíria, adepto de uma boa *birita* ou *beladona*, precisava ser escolhido com muito rigor. Foi assim com esse nível de exigência que chegaram ao nome ideal.

No dia 26 de fevereiro de 1935, João Canalli, presidente do Cordão, anunciava em entrevista a um vespertino (os jornais eram matutinos e vespertinos): "A cidade terá, finalmente, um Momo de camisa de malandro, lenço no pescoço e chapéu de palha".

Esta personagem, apresentada no figurino descrito pelo compositor Wilson Batista num dos seus sambas, o que originou a famosa "polêmica musical" mantida com Noel Rosa, ia ser materializada por Sílvio Caldas.

Já com sólido prestígio como intérprete de nossa música popular, o *caboclinho querido*, como era anunciado por César Ladeira nos programas de rádio, brincava carnaval desde 1913 e foi quem deu o primeiro surdo de marcação da Escola de Samba Estação Primeira de Mangueira. Seria, portanto, e por direito de conquista, um Cidadão Momo, apto a destronar o Rei Momo" pançudo e enguizalhado".

Confiantes na qualidade da escolha, os *laranjas* deram publicidade a um *ultimatum* enviado ao monarca:

"Rei Momo (onde estiver). Chegou a hora das reivindicações da cuíca, do pandeiro, do tamborim e do ganzá. Teus olhos azuis, cabelos louros, tez nívea e rosada, nunca foram símbolo da nossa nacionalidade. Para felicidade geral da nação e o sossego do povo, retira-te, porque a gente da minha terra quer que eu fique.

Momo, Cidadão".

Escolhido para ser o Cidadão Samba, Sílvio Caldas, no dia 28 de fevereiro, fez sua chegada triunfal para dominar o carnaval carioca. Às 21 horas, no traje que se considerava ser o de um autêntico sambista, camisa de malandro, lenço no pescoço e tamborilando o seu chapéu de palhinha, desembarcava de trem parador na Central do Brasil. Ali já estavam à sua espera não só os *laranjas* e as *tangerinas*, mas, também, um grupo de sambistas tendo à frente Flávio Costa, presidente da União das Escolas de Samba.

Pouco depois, partia o numeroso cortejo, levando, em ruidosa passeata, o Cidadão Samba, que depusera o "pançudo e enguizalhado" Rei Momo. Antes que o préstito com as cuícas gemendo no ritmo do samba, completamente entrosadas com os pandeiros e tamborins tocados por experimentados ritmistas, rumasse à Avenida Rio Branco, epicentro do carnaval, deveria ir à Praça Onze de Junho, o terreiro maior de samba. E lá Sílvio Caldas recebeu as chaves da cidade.

Quem pensar que houve uma cisão no carnaval,

engana-se. Apesar do manifesto que destronava o monarca, a convivência foi pra lá de pacífica. Em várias festas o Rei e o Cidadão confraternizavam numa ótima. Entre goles de *birita*, não importando qual fosse, e jatos de lança-perfume, a descontração era total.

No ano seguinte, o Cordão dos Laranjas, cujo presidente, João Canalli, era também presidente da União das Escolas de Samba, fez nova eleição para escolha de um outro Cidadão Momo, que sendo popular não deveria ser perpétuo, e olhe que este conceito era um desafio naquele instante em que nascia o Estado Novo.

O eleito foi o sambista e líder Paulo da Portela, que desincumbiu-se da função com competência e garbo.

Moraes Cardoso continuou sendo rei até quando faleceu em dezembro de 1948. Seus secretários, também postos vitalícios, eram os artistas Henrique Chaves e Carlos Machado, mas nenhum deles tinha *physique de rôle* para encarnar a figura de Momo.

Com a vacância do trono, os redatores do jornal O Mundo, sem consultar os seus colegas de A Noite, resolveram lançar um concurso para a escolha de um novo rei. Abertas as inscrições, apresentaram-se vários candidatos, sendo escolhido o comerciante Eduardo Wilzer, dono de uma casa funerária. Sua alegria, no entanto, durou pouco, porque a turma de A Noite reagiu a tempo e retomou a paternidade da idéia. Eduardo era considerado, de forma preconceituosa, um rei suburbano porque só andava de jipe e visitava apenas os clubes e escolas de samba dos morros e subúrbios da cidade. Aludindo à sua profissão, o jornalista Braga Filho fez para ele a seguinte quadrinha:

Nas minhas horas encontro
a diferença da sorte
em umas, trabalho para a vida
em outras, trabalho para a morte.

O pessoal de A Noite foi buscar em suas próprias fileiras o substituto para Moraes Cardoso, e o escolhido foi Gustavo Mattos, que conseguia ser, a uma só vez, industrial, banqueiro, jornalista e, claro, milionário. Gustavo era um luxo como rei, era bonito, falava quatro idiomas, tinha sido educado na Inglaterra e, em lugar de secretários, fazia-se acompanhar de um séquito de lindas garotas, a bordo de vários Lincolns Continental, um dos mais caros e lindos automóveis da época.

Braga Filho, que era um atilado jornalista, sempre sabendo das fofocas dos meios artístico e carnavalesco – consta que ele era um dos redatores da seção "Mexericos da Candinha" da Revista do Rádio –, contou que, num dos famosos bailes do Hotel Quitandinha, em Petrópolis, Gustavo, na pele de Rei Momo, meteu-se numa aventura com uma turista americana, com quem bebeu champanha, comeu, dançou, flertou, comeu, e no fim da noitada alegre deu por falta de sua coroa que era de ouro de lei, mandada fazer por ele. Só foi encontrá-la dois dias depois, na terça-feira de carnaval, no camarote da turista, a bordo do navio que a trouxera ao Rio. E a devolução não foi fácil, demandando muita conversação e, ao que parece, mais champanha.

O título de Rei Momo para Gustavo Mattos teve vida efêmera, ele logo abdicou e para sucedê-lo foi escolhido outro jornalista de A Noite, Jaime Moraes, conhecido como Papai entre os colegas que faziam a cobertura de fatos policiais.

Outro reinado curto porque sua mulher foi taxativa: "Ou eu ou a coroa", e Jaime não teve outro jeito senão ficar com a coroa mais antiga.

Foi aí que surgiu, em 1951, o paradigma dos reis, a figura alegre e animadíssima do radialista Nelson Nobre, cujo reinado foi até 1957, contribuindo para sedimentar a tradição.

No ano seguinte, em concurso realizado pela Associação dos Cronistas Carnavalescos, por gestão do cronista Pillar Drumond, foi eleito o comerciante Ari Bahia, cujo reinado durou pouco. Por abuso de poder e prática de ações não recomendáveis para tal soberano, ele foi deposto antes do carnaval.

Nelson Nobre foi convocado novamente e voltou com toda sua simpatia e vivacidade. Presente em todos os eventos sempre com o mesmo sorriso escancarado, até que, no dia 31 de dezembro de 1958, durante o almoço comemorativo do centenário do Clube Tenentes do Diabo, sofreu um enfarte mortal.

Quem o substituiu foi o seu secretário Abrahão Haddad, que tornou-se o mais longevo de todos até hoje, permanecendo no trono por mais de uma década, até 1971, tendo ido duas vezes aos Estados Unidos a convite do governo americano, sendo recebido com todas as honrarias.

A essas alturas a eleição do Rei Momo foi oficializada, passou a ser coisa séria regida por decreto. Uma lei de 12 de outubro de 1967, que tomou o número 1.445, complementada pela 1.576, de 13 de dezembro do mesmo ano, dispunha normas sobre o método da eleição e os requisitos dos candidatos. Entre outras determinações alinhadas em artigos, parágrafos e incisos, está a exigência da altura, que deverá ser no mínimo de 1,65m, e do peso, igualmente mínimo, de 100 quilos, além, é claro, de "possuir espírito carnavalesco comprovado", saber sambar e tocar algum instrumento de percussão.

O sucessor de Abrahão Haddad foi o radialista Edson Seraphim de Santana, que segurou a coroa por doze meses, até que acabou sendo substituído num sensacional concurso pelo soldado da Polícia Militar Elson Gomes da Silva, conhecido como Macula, que foi o primeiro rei negro do carnaval carioca, graças à pressão dos sambistas, ungido pelo poder público.

No ano seguinte Edson Santana reconquistou a coroa, que ficou em seu poder de 1974 a 1983. Nesse ano, apesar de ser estimado pela imprensa e ter uma atuação brilhante em todo esse período, Edson foi derrotado por um jovem ator chamado Paolo Vincente Paccelli, que se apresentava como sobrinho do Papa Pio XII. Até hoje não se sabe se o Vaticano mexeu os pauzinhos.

Em 1984, o concurso foi realizado pela ACC na antiga quadra da Escola de Samba Unidos de Vila Isabel; Paccelli tentou a reeleição, Edson Santana apresentou-se mais uma vez, porém quem levou o cetro foi Roberto de Castro, o Robertão, dono de um posto de gasolina em Piedade.

Uma outra lei modificou as anteriores e estabeleceu outras normas. O projeto foi do vereador Paulo Emílio e, com o número 802, a lei foi sancionada em 26 de dezembro pelo Prefeito Marcelo Alencar. Ficou instituída a entrega do troféu Edgar Pillar Drumond ao candidato eleito, numa justa homenagem àquele atuante carnavalesco.

Edson Santana não se conformou e voltou à disputa no ano seguinte, conseguindo afinal retomar o cetro, e reinou até 1986. Nos anos seguintes – 1987, 1988 e 1989 – o trono passou a ser ocupado pelos mais de 160 quilos do Bola, o mais gordo de todos os tempos, cujo nome civil era Reinaldo de Carvalho, músico e produtor musical de profissão. Eleito por votação nos dois primeiros anos, em 1989 ele foi aclamado com a desistência dos outros candidatos que resolveram apoiá-lo.

Em 1996, quem venceu o concurso foi Paulo César Braga Champorry, e desde 1997 o Rei Momo I e Único é Alex de Oliveira.

Rei sem rainha é como beija-flor sem flor. Dois anos depois do nascimento do Rei Momo, em 1935, surge a soberana Frederica I, cujo nome completo diziam ser Eulália Sebastiana Theodorica Hortênica, mais nobre impossível. A criação da personagem se deve aos cronistas de esporte e de carnaval Olho de Vidro (Armando Santos) e Olho de Peixe (Gerson Bandeira), do Diário da Noite, em combinação com o pessoal do Cordão da Bola Preta, e tinha uma condição básica: ser homem travestido de mulher. Não um afeminado ou pederasta, definição em voga na época, e sim um homem de macheza indiscutível fantasiado de mulher com roupas, peruca e sapatos de salto alto. Com bigode, ainda melhor. Assim, achavam eles, atingiriam a idéia de sátira e gozação.

Na noite de 26 de fevereiro de 1935, antecedendo o carnaval que naquele ano caiu em março, desfilou pela Avenida Rio Branco, num feérico cortejo organizado pelo Bola Preta, aquela que, à maneira do Rei Ricardo, era a de "coração de leoa". Desembarcou no cais das barcas de Niterói, trazida por uma "galeota", como dizia o noticiário real, que na verdade era uma simples barca da Cantareira. O séquito era formado por "guardas de segurança", entre os quais se incluíam K. Veirinha (Alves Gomes de Oliveira), Chico Brício, Caribé, Fala Baixo (Arquimedes Guimarães), Pato Rebolão e Cochiba, indo todos acompanhados por foliões para a sede do Cordão da Bola Preta, seu palácio.

Infelizmente perdeu-se no tempo o nome da primeira Rainha Moma; há, porém, registros colhidos por Maurício Figueiredo para o seu livro Cordão do Bola Preta, Boêmia Carioca de que os pioneiros teriam sido Lolloti, Rogério Nezi, Anísio Azevedo, Armando Teles, Altino Braga (o Braguinha), Domingos Cesdon Vaz, João de Araújo Torres, Jonas Amar, Francisco Panela e Leo Villar, este último cantor solista do famoso conjunto Anjos do Inferno.

No sábado de carnaval de 1936, dia 8 de fevereiro, Frederica I, a Rainha Moma, teve também uma chegada sensacional e foi logo proclamando :

"Povo da cidade mais carnavalesca do mundo! Aqui estou disposta a farrear e esquecer esse paquiderme que não merece, um só dia, o meu puro e santo amor!"

A existência da soberana do carnaval nesta forma durou até 1960. Foi em meados desse ano que o presidente do Bola Preta, Luiz Rabello, recebeu a sugestão do Departamento de Turismo, através de Miecio Tati, diretor de certames, para que a Rainha Moma fosse representada por uma mulher. Depois de muita discussão interna a proposta foi aceita.

Acontece que a Associação dos Cronistas Carnavalescos já havia instituído o concurso para a escolha da rainha do carnaval, que vinha acontecendo através de voto vendido pelas candidatas desde 1950, e a primeira rainha foi Elvira Pagã, seguida pela atriz Leonora Amar, que depois casou-se com Miguel Alemán, presidente do México. O auge do concurso foi quando Wilza Carla tornou-se tricampeã em 1957,1958 e 1959.

O que mudava a partir da aceitação do Bola Preta é que, a partir daquele momento, as candidatas tinham que estar vinculadas ou serem apresentadas por clubes desportivos, blocos ou escolas de samba e escolhidas por um júri de jornalistas e personalidades ligadas ao carnaval. A cantora Araci Costa, do Clube de Regatas do Flamengo, foi a primeira a ser coroada nessa nova fase.

Hoje a rainha do carnaval não precisa necessariamente estar ligada a alguma associação, só não pode deixar de atender aos requisitos básicos : beleza, sambar de verdade e simpatia.

Outra figura de relevância na família real do carnaval é o Cidadão Samba. A escolha começou sendo através do voto em cupom publicado nos principais jornais da cidade, isto em 1936, quando começou. Nessa fase foram eleitos, por exemplo:

1936: Eloy Antero Dias, o Mano Eloy, um dos fundadores da escola de samba Império Serrano;
1937: Paulo Benjamim de Oliveira, o Paulo da Portela;
1938: Antenor Santíssimo de Araújo, o Antenor Gargalha do Salgueiro;
1945: Angenor de Oliveira, o maravilhoso Cartola.

A partir de 1958, a escolha passou a ser através de votos vendidos pelos concorrentes através da Associação das Escolas de Samba, e aí tivemos, citando apenas alguns:

1958: João Paiva dos Santos, um dos primeiros e grandes mestres-salas dos ranchos, foi bicampeão nos períodos 1958/59 e 1961/62;
1960: Ismael Silva.

A terceira fase foi de concurso público, e aí tivemos:

1965: Sebastião Moretson (Tião Copeba), que já havia sido eleito no ano anterior;
1966: Bidi (Alcebíades Barcelos), outro pioneiro do samba imortalizado na sua composição em parceria com Armando Marçal: "Agora é cinza";
1967: Sebastião Vieira da Silva (Tião do Salgueiro);
1968: Zé Kety;
1969: Jorge Peçanha, talentoso compositor, ritmista e cantor do Império Serrano;
1970: Silvinho da Portela, puxador de samba-enredo;
1971: Jorginho do Império, filho de Mano Décio da Viola, cantor e compositor da verde-e-branco de Madureira.

Houve uma quarta fase, onde o método de escolha foi a indicação pelo plenário da Associação das Escolas de Samba, e os eleitos foram :

1972: Jorge dos Santos Silva (Calça Larga), do Salgueiro, filho de Joaquim Casemiro (Calça Larga), ambos diretores de harmonia;
1973: Xangô da Mangueira (Olivério dos Santos), partideiro emérito e competente diretor de harmonia;
1974: Antônio dos Santos (Mestre Fuleiro), mestre no jongo e grande diretor de harmonia do Império Serrano;
1975: Antônio Rufino dos Santos, pioneiro da Portela;
1976: Neca da Baiana, do Salgueiro;
1977: Jaburu, da Vila Isabel;
1978: Mano da Mangueira;
1979: Alvaiade da Portela;
1980: Paulinho da Harmonia, da Portela;
1981: Djalma das Mercês, de São Carlos;
1982: Marçal (Nilton Delfino Marçal), da Portela.

A quinta fase, ainda em vigência, é a volta ao concurso público, e com esta modalidade já foram eleitos:

1983: Velha da Portela;
1984: Jamelão (José Bispo Clementino dos Santos), da Mangueira;
1985: Bené da Cuíca, figura simpaticíssima, "cuiqueiro" dos bons, chegou a desfilar nesse ano, além de na sua Unidos da Tijuca, em mais sete escolas, fazendo roncar o seu instrumento;
1986: Bené foi reeleito, mas no meio do ano converteu-se a uma religião protestante e trocou a cuíca pela Bíblia;
1987: Xangô do Estácio;
1988: Claudinho do Espírito Santo, da Vila Isabel;
1989: Carioca, da Em Cima da Hora;
1990: Edson da Silva Monteiro, da União da Ilha do Governador;
1991: Altair Cardoso, da Unidos de Lucas;

1992: Eládio Gomes dos Santos (Baianinho), da Em Cima da Hora;
1993: Elso Gomes da Silva (Macula), da Portela;
1994: Jorginho do Império;
1995/96: Carlinhos Melodia, da Unidos da Tijuca;
1997/98/99: Anatólio Izidoro da Silva, da Unidos de Lucas.

O Rio de Janeiro tinha ainda o Cidadão Recreativismo do Estado da Guanabara, criação do advogado Aldemário Ezequiel dos Santos encampada pela Associação Carnavalesca Filhos de Ébano, que o diplomou no dia 20 de janeiro de 1965. Por moção do então deputado José Miguel, o título de Aldemário foi referendado no dia 6 de outubro de 1975, como S.M. Rei do Recreativismo.

Temos também o Embaixador do Samba, criado pela Lei nº 70, de 8 de novembro de 1978. Segundo o projeto nº 265/78, o título tinha a validade inicial de dez anos, e em 1989 foi prorrogado. Seu único detentor é o radialista Gilson Mello.

A realeza do carnaval completa-se com o Rei Congá, rei negro do carnaval carioca, figura representada por Eduardo Santana, o Pai Santana nos terreiros umbandistas e massagista do Clube de Regatas Vasco da Gama. Por iniciativa do vereador Paulo César de Almeida, foi criada uma lei, logo sancionada pelo Prefeito Marcelo Alencar e publicada no Diário Oficial do dia 31 de janeiro de 1991, reconhecendo a existência da personagem e dando a Santana o título de forma vitalícia. Quer dizer, não adianta ficar de olho no trono.

Todos esses *nobres*, figuras emblemáticas por tudo que representam na história do carnaval carioca, formam o cortejo da abertura oficial do carnaval e dos desfiles das escolas de samba, mantendo viva a tradição do reino do faz-de-conta, que é a essência da festa.

Capítulo 13

Um é pouco, **dois** é bom...

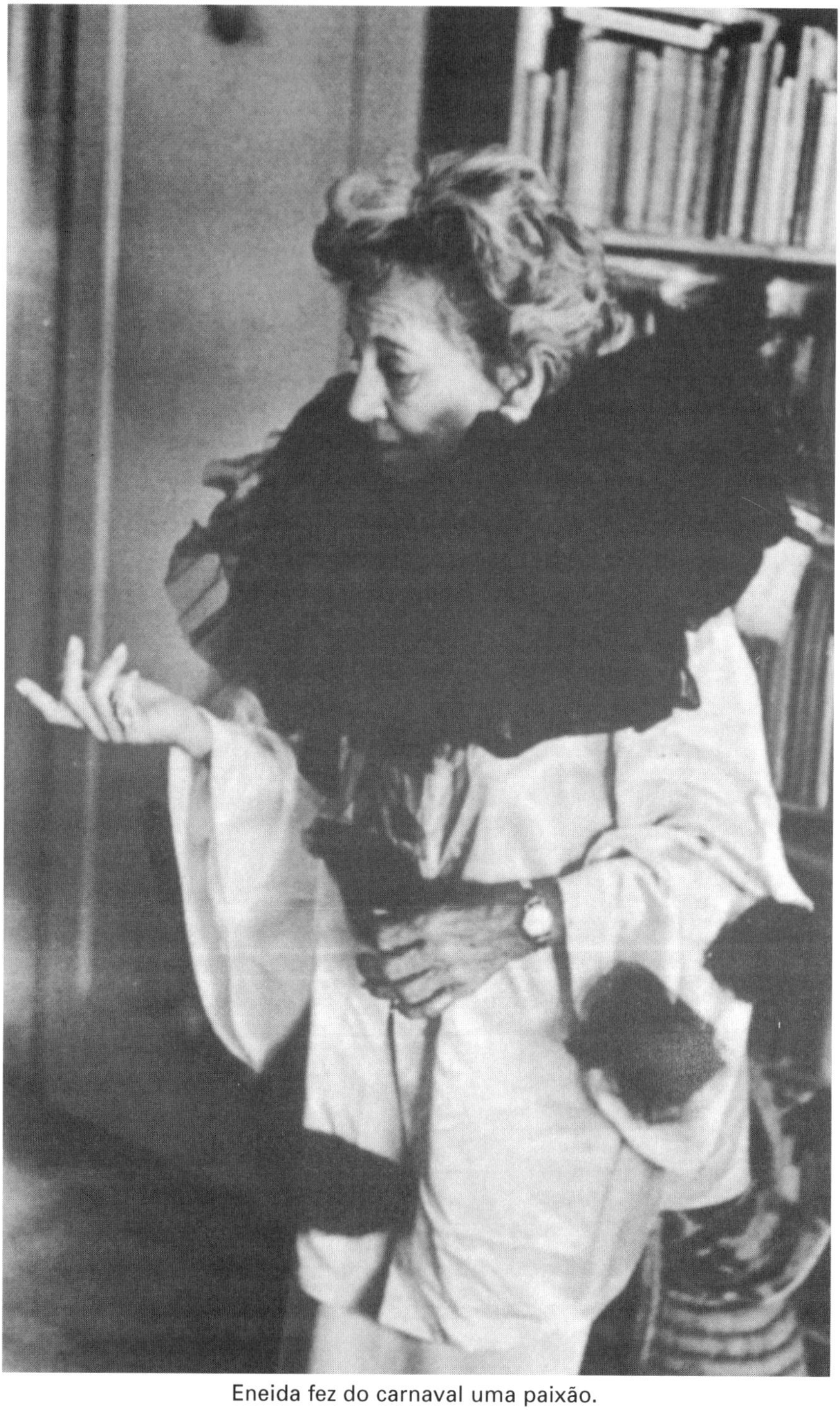

Eneida fez do carnaval uma paixão.

Eneida, na História do Carnaval Carioca, cita o Barão do Rio Branco quando ele disse que "existem, regularmente organizadas, no Brasil, duas coisas: a desordem e o carnaval". Às quais a querida escritora acrescentaria mais uma: o jogo do bicho.

Mal sabia o nosso barão que ele mesmo seria uma prova da organização carnavalesca. Com sua morte no dia 11 de fevereiro de 1912, uma semana antes do carnaval, os jornais começaram a fazer campanha para o adiamento dos festejos. Um jornalista sob o pseudônimo de Colombo escreveu uma carta publicada pela Gazeta de Notícias, lembrando os feitos do grande ministro, o inquestionável patriotismo demonstrado em diversas ocasiões, o exacerbado amor ao país provado a cada instante e terminava fazendo um apelo aos altos comandos do Exército e da Armada e às diretorias de sociedades que possuíssem bandas de música, para que não as cedessem para a folia. E terminava de maneira dramática: "Assim não há carnaval, não pode haver carnaval, pois o Barão do Rio Branco morreu!"

Houve uma certa perplexidade. Os jornais não sabiam exatamente que posição tomar. Ter ou não ter carnaval, era a questão. Foi aí que surgiu nos órgãos de imprensa mais carnavalescos a pergunta que encerrava em si uma proposta: "Será adiado ou não o carnaval?" Sim, porque até então se falava em não realizar, a sugestão de adiamento aparecia agora.

O Prefeito Bento Ribeiro pegou o mote e foi em frente. "Pessoalmente sou pelo adiamento", disse ele. "Mas, como prefeito, não é da minha alçada proibir ou adiar as festas carnavalescas, festas religiosas que têm suas datas. Apenas, como há uma corrente tendendo para o adiamento e para que o comércio não tenha prejuízo, prorroguei as licenças gratuitamente até abril."

O chefe de polícia na ocasião era Belisário Távora, conhecido como um *catolicão* anti-carnavalesco. Na sua opinião não deveria haver carnaval naquele ano: "O barão era um grande brasileiro!" O Governo determinara que o adiamento fosse para o período de 6 a 9 de abril, a partir do sábado de aleluia, mas muitos clubes e associações não abriam mão de sair na data oficial. Perguntado por um repórter da Gazeta de Notícias sobre esta questão, Belisário Távora respondeu: "A polícia agirá com a máxima energia".

As discussões dominavam a cidade. Não se sabia em que proporção estavam os grupos dos prós e dos contras, porque muita gente não revelava a sua preferência. No sábado de carnaval, até oito horas da noite a Avenida Central, depois Rio Branco em homenagem ao barão, estava morta, vazia; devagar, como quem não quer nada, o povo vai chegando, os fantasiados vão aparecendo, os cordões surgindo de vários pontos como num *mise-en-scène* operístico, e a alegria explode. Delírio total. O carnaval está nas ruas.

Não houve registro de tumulto nem violência policial.

E assim foi até a terça-feira gorda. Na quarta-feira de cinzas a Gazeta anuncia a "pinhata", uma festa destinada a fechar com chave de ouro todas as festas:

"Festejando com um grande jogo de lança-perfumes, confetes e serpentinas, pela primeira vez, o nosso quarto dia de carnaval, cremos que ficará instituído entre nós, para glória do vitorioso carnaval carioca, o costume álacre de outras terras de se fechar com chave de ouro esse chamado enterro dos ossos no primeiro domingo que se segue aos três dias de carnaval. No próximo ano, ou mesmo no carnaval, que este ano será em abril, já teremos a nossa *pinhata*."

A organização implícita que existe dentro do próprio carnaval fez com que ele acontecesse duas vezes e com a mesma animação em 1912, como já havia acontecido em 1892, por conta de uma determinação do Ministério do Interior que mandou executar a postura da Intendência Municipal (o que seria depois a

Prefeitura), que transferia os festejos para 26,27 e 28 de junho, porque um médico chamado Castro Lopes liderou uma campanha nesse sentido. Ele achava junho um mês mais saudável, as pessoas ficavam menos expostas ao calor de fevereiro quase sempre acompanhado de chuva, o que ocasionava grandes surtos de gripe.

Houve ainda duas ameaças de adiamento, o que teria, sem dúvida, ocasionado carnaval duplo. Durante a I Guerra Mundial, por proposta do Correio da Manhã, e outra em 1938, durante a II Guerra, quando o mesmo Correio abria manchete dizendo: "O momento é grave demais para brincadeiras".

Nos dois casos falou sozinho. Ainda bem que, em outras oportunidades, falou por todos.

Capítulo 14

Blocos

43º CARNAVAL
DO BLOCO
EU SOZINHO

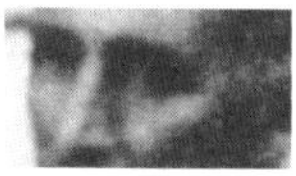

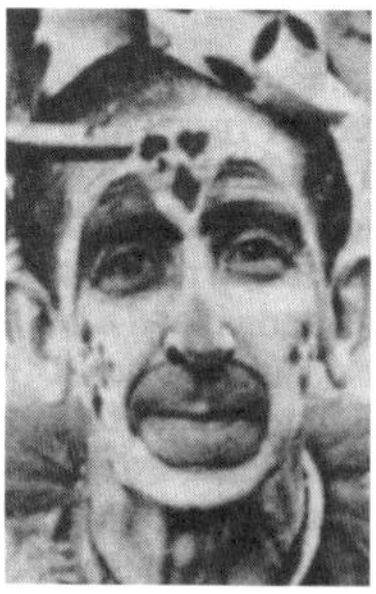

BLOCO

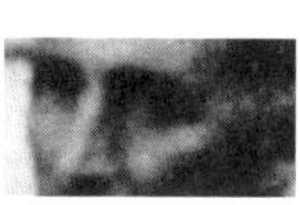

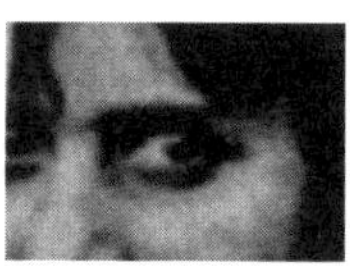

Os blocos são a explosão mais espontânea do carnaval carioca. Em geral um bloco nasce da decisão de vizinhos da mesma rua e do mesmo bairro. O ponto de partida geralmente é um botequim, a convergência dos moradores da região. Um cavaquinho aqui, um tamborim ali, um pandeiro que chega e dá o molho, pouco a pouco o som vai-se definindo e surge um samba conhecido que todos podem cantar.

Não são raros os casos em que famílias inteiras saem no mesmo bloco nos três dias de carnaval. Tirando o caso do Bloco do Eu Sozinho, façanha solitária de Júlio Silva, que saiu pela primeira vez em 1919, o bloco é uma atividade coletiva, embrião de outros agrupamentos, como escola de samba, por exemplo.

Era comum nos dias de carnaval, nas vizinhanças do Teatro Municipal, encontrar-se a figura insólita de Júlio Silva, na contramão da alegria. Na revista O Cruzeiro, o repórter e compositor David Nasser assim escreveu sobre ele:

"Nos carnavais de antigamente ele costumava entrar na redação do jornal no Largo da Carioca, envergando fantasia singela metade fraque, metade metim, um chapéu de tirolês, calça listrada e uma tabuleta indicando que o seu bloco era o Bloco do Eu Sozinho. Não entrava em cordões, não freqüentava bailes, não aderia ao movimento da Galeria Cruzeiro. Com seu pavilhão bem alto, desfilava solitariamente a sua repulsa à multidão, cantando a melodia que era sempre a mesma, há mais de trinta carnavais."

A última vez em que Júlio botou seu bloco nas ruas foi em 1979; faleceu em julho daquele ano aos 84 anos de idade.

Em 1914 um bloco primou pela originalidade. Alguns carnavalescos da antiga, remanescentes do tempo do carnaval ingênuo e poético, resolveram organizar um grupo intitulado Recordações do Passado que, segundo eles, desvendaria para o público um jeito diferente de brincar carnaval. Só que, antecipando os tempos atuais da propaganda política através de *jingles*, como estávamos perto de eleição presidencial, eles saudavam o candidato Venceslau Brás com uma chula cujo autor ninguém jamais soube e que dizia:

Vamos, vamos, minha gente
Tocar o nosso berimbau
Vamos dar o nosso voto
Ao seu doutor Venceslau.

Em 1926, coube ao jornal A Manhã a idéia de criar o dia dos blocos e, em 1928, O Jornal dava início ao patrocínio aos blocos dos subúrbios. Finalmente, em 1933, nasceu a Associação dos Blocos Carnavalescos, uma iniciativa da Associação dos Cronistas Carnavalescos, que organizou A Noite dos Blocos. Os primeiros a se inscreverem foram o Não Posso Me Amofinar, De Língua Não se Vence, Respeita as Caras, Sou do Amor, Você me Acaba, Caçadores de Veado e Tomara que Chova.

Os blocos podem ser de sujos, de embalo ou empolgação e de enredo.Os primeiros, ao contrário do que o nome indica, sempre primaram pela originalidade das fantasias, que não obedeciam a nenhum padrão uniforme. Talvez venha daí a denominação de "sujos". Os bairros de Botafogo, Lapa e Laranjeiras sempre abrigaram um grande número de blocos de sujos que, em geral, se concentravam pela manhã, saíam à tarde e só voltavam à noite.

Os chamados blocos de embalo tiveram o seu apogeu nos anos 60. O Bafo da Onça, do Catumbi, o Cacique de Ramos, do homônimo subúrbio da Leopoldina, e os Boêmios de Irajá mobilizaram nessa época alguns milhares de pessoas com a mesma fantasia, um samba de qualidade extraordinária da lavra dos compositores do lugar e uma bateria arrebatadora. Difícil era não acompanhar, do lado de fora da corda que delimitava e garantia o espaço para os componentes brincarem, qualquer um deles. Cada um brincava no seu próprio bairro e depois, na segunda-feira à tarde, ia para a Avenida Presidente Vargas e Rio Branco, onde os desfiles aconteciam.

Os blocos de enredo, eram escolas de samba em escala reduzida, que desfilavam e competiam. Alguns ficaram famosos na cidade, como os Canarinhos das Laranjeiras, o Balanço da Mangueira, Flor da Mina do Andaraí e Unidos do Cabral. A partir de 1972 começou a ser realizado o concurso e, pelo grande número de blocos, eles foram agrupados em quatro grupos. Os vencedores do 1° grupo foram:

Campeão: Arranco, com o enredo O Sonho da Independência;

Vice: Vai Se Quiser, com o enredo Comemoração da Independência – O Baile das Rosas;

3° lugar: Canarinho das Laranjeiras, com o enredo Aventuras do Chalaça.

Nesse contexto houve também o bloco marginal. Trata-se do Chave de Ouro, que desafiava a polícia e saía na quarta-feira de cinzas. Hiram Araújo recolheu um depoimento de Luiz Macaco que contou a origem do bloco famoso nas páginas policiais. Ele e um grupo de amigos estavam no Cinema Engenho de Dentro, no dia 10 de fevereiro de 1943, assistindo a um filme nacional com Emilinha Borba (naquele tempo os cinemas passavam filmes com motivos de carnaval na quarta-feira de cinzas), quando seu Tuninho, proprietário da sala de projeções, resolveu expulsá-los, alegando que estavam fazendo bagunça e o carnaval já tinha terminado. A polícia chegou e botou todo mundo para fora. A rapaziada, então, para desacatar e contrariar o seu Tuninho e os comerciantes do Engenho de Dentro, resolveu fazer um desfile nas ruas do bairro, enfrentando a polícia que, violentamente, reprimia a "manifestação".

A partir do ano seguinte a mesma turma passou a repetir o desfile, na quarta-feira de cinzas, com a polícia no encalço. O desfile do Bloco Chave de Ouro, nas ruas do Engenho de Dentro, tornou-se um costume tradicional.

Até 1977 a polícia continuava perseguindo ou vigiando o bloco, mas os componentes sempre arrumavam um jeito e acabavam saindo, ludibriando a repressão. A partir de 1978 houve a liberação, desde que uma pessoa do grupo, ou por ele indicada, assinasse um termo de responsabilidade. É o que ocorre até hoje. Mas agora perdeu o encanto.

No alvorecer do século XXI os blocos continuam sendo um fator de aglutinação no carnaval carioca, desmistificando os derrotistas e pessimistas de plantão, que insistem em dizer que o carnaval de rua morreu. Fosse assim e não haveria, mobilizando milhares de pessoas, blocos como Suvaco do Cristo, do Jardim Botânico; Simpatia É Quase Amor, de Ipanema; Nem Muda nem Sai de Cima, da Muda; Bip-Bip, de Copacabana; Que Merda é Essa, de Ipanema; Rola Preguiçosa, do Leblon; Clube do Samba, também de Copacabana; Barbas, de Botafogo; e o Concentra, mas Não Sai, de Laranjeiras.

Capítulo 15

Frevos

Os carnavais do Norte e Nordeste sempre tiveram características próprias. Aliás, a bem da verdade deve-se dizer que o Brasil tem várias formas de brincar o carnaval, atendendo à nossa diversidade geográfica e cultural, o que acentua ainda mais a riqueza musical do país. Como o Rio de Janeiro foi sempre um foco de irradiação de tudo o que acontece no carnaval, nada mais normal que algumas daquelas expressões regionais viessem aportar aqui. Ainda mais que, com isso, contemplava-se aos naturais de outros estados que para cá vieram.

O primeiro dos ritmos nordestinos que entrou no Rio foi o frevo pernambucano, e isto aconteceu em 1935. Segundo o historiador Pereira da Costa, este ritmo, que é uma alteração da polca-marcha, apareceu em Recife em 1909 e atribui-se ao capitão José Lourenço da Silva (Zuzinha), ensaiador das bandas da Brigada Militar de Pernambuco, a divisória entre o frevo e a polca.

Nasceu como dança de rua, o povaréu acompanhando as bandas de músicas, ondulando pelas avenidas, com saltos e meneios imprevisíveis, fervendo. E foi dessa imagem da fervura, que o povo pronunciava "frevura", "frever", que, de acordo com Luiz da Câmara Cascudo, criou-se a palavra frevo.

O surgimento do frevo no Rio foi resultado da saudade dos pernambucanos Vitorino Rios, Pedro Guilhermino dos Santos, Luiz Alves – cognominado O Rei do Frevo – , Henrique Bonfim e Romeu de Paula. Eles fundaram o Clube dos Vassourinhas, homônimo de um dos mais famosos de Recife, na Rua Jogo da Bola, na bairro da Saúde. Nas décadas de 30 e 40, os frevos eram a expressão máxima do carnaval nordestino – e ainda hoje são –, tanto que havia sucursais em várias cidades. Pode-se dizer, talvez, que era uma espécie de franquia, porque a qualidade tinha que ser mantida.

Houve uma época em que existiam cerca de 10 grupos de frevo, a maioria sediada nas Zonas Portuária e Norte da cidade. Bola de Ouro, Batutas da Cidade Maravilhosa, Pás Douradas, Prato Misterioso, Clube dos Lenhadores, Mixto Toureiros, Mixto Pás Douradas, Gaviões do Mar, mantiveram durante muitos anos o vigor do frevo no carnaval carioca. Foi até instituído o Dia dos Frevos, sábado de carnaval, quando desfilavam pela Avenida Rio Branco com sua música vibrante e seu passo, conjugação de figuras coreográficas que têm o nome de chã-de-barriguinha, tesoura, saca-rolha e dobradiça. Depois passaram para o domingo, abrindo o desfile das escolas de samba, e ultimamente desfilavam na terça-feira gorda.

Com tempo os frevos foram perdendo o seu espaço no carnaval carioca. O fato de necessitarem uma orquestra de metais para poderem sair começou a inviabilizar os ensaios e, conseqüentemente, o desfile. Foi exatamente como aconteceu com os ranchos. Hoje resta apenas a saudade dos passistas que faziam cabriolas mirabolantes com os guarda-chuvas, muitos equilibrando-se nas pontas dos pés, e do porta-estandarte com seu traje à Luiz XV, de veludos e brocados, rendas e peruca, dançando garbosamente com um estandarte que pesava no mínimo 50 quilos, e o grande desafio era quanto mais pesado melhor.

O último desfile dos frevos foi em 1991, tendo-se sagrado campeão o velho e querido Vassourinhas.

Capítulo 16

Afoxés

Grupo de Afoxé Filhos de Gandhi – Rio de Janeiro

A partir da década de 50 o carnaval do Rio de Janeiro ganhou um adendo místico de conteúdo africano, mais precisamente ioruba (uma etnia da Nigéria da qual muitos negros brasileiros descendem). Trata-se do afoxé Filhos de Gandhi, fundado por baianos residentes na cidade que traziam experiência e vivência em grupos como Pândegos de África, Otum Obá de África, Papai da Folia, Congo da África e Filhos de Gandhi, participantes ativos do carnaval de Salvador. Seguindo a tradição, sua sede foi instalada perto do bairro de Santo Cristo, berço de tantas outras organizações que contribuíram para o desenvolvimento do nosso carnaval, como já tivemos oportunidade de constatar ao longo deste relato.

O vocábulo afoxé tem diversos significados. Pode ser instrumento musical que consiste numa grande cabaça envolta com contas chamadas lágrimas de Nossa Senhora e sementes no interior; dança ritual de encomendação das almas dos mortos; ou dança profana do candomblé.

O primeiro grupo de afoxé apareceu em Salvador, no carnaval de 1895, e sua característica era lúdico-religiosa, tendência que se firmou através dos tempos e deu orientação para os que surgiram em Fortaleza, Cachoeira (Bahia), Recife e Rio de Janeiro, ainda que com algumas variantes. Um ritual que se faz presente em qualquer das formas adotadas é o padê-de-Exu, cerimônia da liturgia do candomblé que se realiza numa oferenda para que os ensaios ou os desfiles transcorram em ordem.

As sobrevivências totêmicas são uma das grandes características da presença negra no carnaval brasileiro. Isto se torna patente através dos nomes dos ranchos cariocas, como já vimos: Ameno Resedá, Kananga do Japão, Mimosas Cravinas, Flor do Abacate; dos maracatus dos pernambucanos: Nação Elefante, Leão Coroado, Estrela Brilhante; e dos cordões Papoula do Japão, Flor de Café, Flor da Harmonia. O totemismo no afoxé Filhos de Gandhi está em seu próprio símbolo, que é o camelo. Sua escolha foi justificada da seguinte maneira: trata-se de uma homenagem ao Mahatma Gandhi, o grande líder pacifista, lutador pelas liberdades essenciais do homem, uma das grandes personalidades do século XX. Uma ligação com o Oriente. Desta o camelo entra para a simbologia popular, ainda que sem nenhum vínculo com as tradições negras.

Admitindo-se que a escolha do camelo foi casual, vale a pena uma referência à coincidência causada por uma lenda iorubana que relaciona o camelo com Xangô, orixá patrono desse afoxé. Esta informação foi passada pela mãe-de-santo Menininha do Gantuá: os orixás cavaleiros são três – Ogum, Oxóssi e Xangô. Eles gostam muito de cavalgar, mas Xangô prefere o camelo ao cavalo. Esse animal é da predileção desse orixá.

O instrumental básico dos afoxés são o ilu, tambor pequeno encourado de ambos os lados; o agogô, duas campanas de ferro com dois tons percutidas por uma vareta; e a cabaça ou xexerê.

As músicas entoadas nos desfiles não são sambas ou marchas, e sim pontos, tais como são cantados nos terreiros de candomblé que seguem a linha ijexá (variante da etnia ioruba ou nagô), o que significa dizer em ioruba "para todos os orixás".

Assim como em Salvador, o traje dos componentes dos Filhos de Gandhi é um camisolão branco, também chamado abadá, com um cordão na cintura e um turbante igualmente branco. Cada um leva no pescoço os colares do seu santo ou orixá.

Diferente da matriz baiana, o afoxé carioca desde a década de 70, quando Encarnação, conhecido ogã de couro (tocador de atabaque) dos candomblés, assumiu a presidência, admite mulheres no grupo.

Sob a influência dos blocos afro-baianos como Olodum e Ilê Ayê, surgiram no Rio blocos similares.

Orumilá (da Abolição), Lemi Aió (do Engenho de Dentro) e Agbara Dudu (de Madureira) concentram baianos e cariocas, ialorixás (pais e mães-de-santo), ekedes (zeladoras de santo), filhos e filhas-de-santo.

Capítulo 17

Vendo a banda passar

Albino Pinheiro – general de todas as bandas

Com o fim dos bondes, as transformações urbanísticas da cidade e a transposição dos acontecimentos carnavalescos para a Avenida Presidente Vargas, o carnaval de rua sofreu um certo esvaziamento. Afora alguns pontos que sobreviveram, como o coreto de Madureira, a Rua Miguel Lemos, o Boulevard Vinte e Oito de Setembro e poucos mais, viam-se raras concentrações de foliões, e um ou outro bloco de sujos. A Avenida Rio Branco perdeu a glória da festa para se tornar palco de um grande passeio a fantasia, onde em grupos ou isoladas, às vezes com uma pequena bateria desgarrada, as pessoas iam se divertir.

Em 1966 houve a grande virada neste panorama preocupante: a fundação da Banda de Ipanema, idéia de Albino Pinheiro, o prefeito espiritual do Rio, à qual aderiram imediatamente figuras públicas do bairro como Hugo Bidet, Sabino Barroso, Cláudio Pinheiro, Sérgio Carneiro, Jaguar, Ferdy Carneiro, Manlio Marat, Douglas Eyden, Darwin Brandão e outros freqüentadores diários e noturnos dos bares Jangadeiros e Zeppelin, importantes pontos cardeais da Zona Sul.

Os padrinhos, que se renovam a cada ano, no Ano I da banda foram exatamente duas figuras unânimes na admiração de todos que apreciam o carnaval e a nossa música popular: Eneida e Lúcio Rangel, dois ícones da cultura carioca.

A primeira saída da banda, um sábado antes da semana do carnaval, foi um grande acontecimento no bairro. Albino com uma fantasia de general da banda – personagem em que se transformou o cantor Blecaute depois de gravar o samba homônimo – e seus amigos de terno branco empunhando instrumentos de sopro, sem tocar, tarefa que foi entregue a músicos da Banda dos Fuzileiros Navais, que ele conseguiu, comandavam um pequeno grupo que se concentrara na Praça General Osório e que foi aumentando à medida que avançava pela Avenida Vieira Souto.

Babás com crianças no colo ou no carrinho, senhoras com bolsas de compras, senhores saltitando, gente nas janelas acenando, e a ala das escrotas, integrada por Sérgio Carneiro, Paulo César Sarraceni, Darwin Brandão, Milton Cobrinha, Sérgio Sarraceni, Luís Silva Araújo, entre outros, todos em esvoaçantes trajes femininos, liderada por Sabino Barroso, por isso chamado de O Cafetão, jogava beijos glamurosos.

Como dístico, numa faixa que sempre sai à frente, a Banda de Ipanema adotou a expressão "Yolesmen Crisbelles", que não quer dizer nada. E quer dizer tudo.

A iniciativa disseminou-se por vários bairros, tanto assim que, em pouco tempo, já havia na cidade mais de 30 bandas, trazendo de volta o carnaval para as ruas, injetando animação e colorido, que realmente faziam falta.

De 1966 a 1999 a banda saiu todos os anos abrindo e fechando o carnaval na terça-feira gorda, com o seu charmoso general à frente do batalhão de foliões de todas as idades. A pré-concentração era na casa do Albino que, generosamente, providenciava um suculento almoço regado a muita cerveja para os seus amigos mais chegados. Depois todos partiam em alegre caravana para a Praça General Osório onde padrinho e madrinha receberiam a faixa honorífica. Entre estes estiveram Leila Diniz, Cartola, Clementina de Jesus, Elza Soares, Marília Pera, Fernando Pamplona, Zezé Motta, Clóvis Bornay, Elizeth Cardoso, Hermínio Bello de Carvalho, Dona Neuma (da Mangueira) Gonçalves, Lan, as irmãs Marinho e eu.

No carnaval de 2000 Albino Pinheiro já não estava entre nós. Seu irmão Cláudio se encarregou de dar continuidade e colocou a banda na rua. Agora é aguardar que essa chama carnavalesca continue acesa.

A segunda banda criada no Rio foi a do Leme, fundada quatro anos depois da de Ipanema. Seu desfile oficial aconteceu no dia 6 de fevereiro de 1971, quando os foliões-fundadores entregaram o diploma de sócio número 1 ao então governador Francisco Negrão de Lima. A Banda do Leme se propunha a sair todos os sábados pré-carnaval e nos quatro dias oficiais da festa, de acordo com o que pregavam Alfredo Carlos e Pinheiro, diretores do grupo. Sem dúvida era uma proposição onerosa pelo custo que teriam os músicos. Já vimos que os ranchos e os frevos se esbarraram neste problema. O restaurante La Fiorentina, um reduto da boêmia e ponto dos artistas de teatro e televisão, ofereceu pagar cinqüenta por cento das despesas, na condição de que a concentração fosse feita em frente à casa. A diretoria não aceitou porque quebraria a tradição de fazê-la na pracinha onde está o busto de Ary Barroso, esquina de Avenida Atlântica com Rua Antônio Vieira.

Apesar de todas as dificuldades, a Banda do Leme se firmou como acontecimento carnavalesco no bairro. No primeiro ano desfilaram figuras como Emilinha Borba, Martha Anderson, Clóvis Bornay, Tim Maia, Erlon Chaves, Sérgio Bittencourt, Íris Letieri, Mary Marinho, André Marinho Costa, Tetê Nahas e muitos outros que continuaram fiéis à banda.

Acentuando o seu caráter familiar, após o desfile pelas ruas do bairro, acompanhada por integrantes do Cordão da Bola Preta e de algumas escolas de samba convidadas, a banda se espalha no calçadão do Leme ao redor de um palanque onde as crianças têm acesso. É praticamente uma lembrança das antigas batalhas de confete.

Neste rastro nasceu a Banda da Sá Ferreira, animada rua do posto cinco de Copacabana, que gravita em torno dos bares Saint-Tropez e Alcazar, ambos na Avenida Atlântica. Foi num deles, ou nos dois, entre chopes e caipirinhas que nos finais de semana reuniam Jorge Almada Tavares, Oldemar Machado, Adjalma

Nadja Coquette (Rainha 92), Erick Barreto e Maria Alcina (Madrinha 92)

Isabelita dos Patins e Erick Barreto (de Carmen Miranda)

Tara Novak (Prêta),
Lola Batalhão, Joelma Andraus,
Nadja Coquette,
Cássio Barsante (Diretor) e a
Carmen "da mala".

Banda da Carmen

Isabelita dos Patins entre as Irmãs Sister

Jane Di Castro (Madrinha Gay 99),
uma das Irmãs Sister,
Laura de Vison (Rainha 99),
Melme dos Brilhos e
Juju Maravilha

Ferreira, Vera Baloni, Eurides e Kid Mama, que foi decidida a criação do que iria canalizar suas energias e alegrias: a banda. E adesões não faltaram. Além das saídas nos quatro dias de carnaval, a Banda da Sá Ferreira ficou famosa pelo réveillon popular que realiza todos os anos.

Seguindo a linha criada pela de Ipanema, todo ano tem padrinho ou madrinha diferente. Entre os homenageados já estiveram D. Ivone Lara, Almir Guineto, o cabelereiro Silvinho, os atores Milton Gonçalves e Guilherme Karan, o comediante Colé e a atriz Lady Francisco. Já houve anos da Banda da Sá Ferreira desfilar com 10 mil pessoas, restituindo o encanto do carnaval de rua.

As bandas não são um fenômeno circunscrito à Zona Sul da cidade. Muitas são desta região, como a da Glória, de Santa Tereza, da Miguel Lemos, do Leblon e do Largo do Machado (criada por José Trajano e André Mota Lima com a maciça colaboração dos freqüentadores do tradicional Bar Lamas), mas há que se registrar a de Vila Isabel, fundada por Antônio Carlos, o Perna, exemplo de festeiro e folião, as de Irajá, Madureira e Jacarepaguá.

Entre todas as bandas, uma das mais originais, não de bairro nem de rua, é a Banda da Carmen, que sai no domingo anterior ao carnaval, homenagem a Carmen Miranda idealizada pelo figurinista Célio Bacellar, cuja exigência é que todos os componentes usem fantasias baseadas nas criações da imortal artista. A primeira saída foi no dia 10 de fevereiro de 1984 com concentração na Praça Nossa Senhora da Paz. Havia caracterizações impressionantes como a de Erick Barreto, que chegou a comover Aurora Miranda, irmã de Carmem. Hoje quem comanda e organiza a banda é Isabelita dos Patins, personagem da vida alegre do Rio, indispensável nos agitos da cidade e personificada pelo argentino-carioca Jorge Iglesias, e Artur

Araújo Moura Filho, que no carnaval encarna a personagem Lola Batalhão.

Mobilizando foliões, admiradores ou simples curiosos, as bandas vão espalhando pelas ruas do Rio de Janeiro alegria, irreverência, beleza e animação. Uma prova irrefutável de que o carnaval de rua não morre, transforma-se, mas não morre. Não falta quem lhe queira impingir um atestado de óbito. Na publicação Aparas de 5 de fevereiro de 1890, o cronista Augusto Fabrega, conhecido como Tesoura, escrevia:

Carnaval onde te escondes?
Onde vives, carnaval?
Folia, onde te meteste?
Co'aquele riso jovial?
Outrora por este tempo
Tilintavas de alegria:
Hoje, mistério insondável
Onde é que paras, Folia?

Em 1893, os monarquistas bradavam pela imprensa: "Morreu o nosso carnaval, e quem matou foi a República". Em 1905, um outro cronista comentava: "É moda, todos os anos, afirmar-se que o carnaval está morrendo e que o país caminha para um abismo. Mas o diabo é que todos os anos o carnaval revive fogoso e picante, e o país continua a equilibrar-se à borda do tal abismo".

Sábias palavras.

Capítulo 18

...E ao teu passado cantaremos

Dedicada ao CLUB dos Tenentes do Diabo
e offerecido ao Carnavalesco
M. M. Barreiros (Quininho)

Se a bomba arrebenta!...

Samba Carnavalesco

1921

LETRA DE

LE-ZUTZ

MUSICA DE

Ernesto dos Santos

(DONGA)

Autor do Célebre "PELO Telephone"

VIEIRA MACHADO & C.ia
PIANOS MUSICA
RIO DE JANEIRO
RUA DO OUVIDOR 179

Existem em várias cidades do mundo praças que são símbolos, sínteses, verdadeiros emblemas. Em Nova Orleans, Congo Square representa a base, o nascedouro do jazz. O Pelourinho, em Salvador, tem perpassados nas pedras do seu chão o sofrimento e a redenção. Em Veneza, a Praça de São Marcos ainda guarda no ar e nos cantos o fausto, a beleza, a imponência dos doges. No Rio de Janeiro, o exemplo típico é a Praça Onze.

Antes era o Rossio Pequeno, local arborizado com casuarinas, canteiros floridos e bancos para os que queriam desfrutar de alguns momentos de contemplação, num local calmo e aprazível. Mas o "bota abaixo", como ficou conhecida a fúria demolidora do Prefeito Pereira Passos, foi rasgando a Avenida Central para modernizar a cidade. O Rio civiliza-se, era o lema. Com as demolições e desapropriações, os moradores das ruas que iam desaparecendo subiam para a Cidade Nova. Em geral tratava-se de estivadores, pessoas de baixa renda, domésticas, operários de vários ofícios. Na sua maioria negros e mestiços, ou brancos pobres.

A Praça Onze de Junho, seu nome completo, em homenagem à batalha naval do Riachuelo na Guerra do Paraguai, polarizava os habitantes das ruas dos arredores, muitas das quais desembocando nela. E ali se formava o caldo de cultura da vida carioca. A soma de contribuições dos oriundos de tantos estados diferentes, majoritariamente da Bahia e interior do estado do Rio de Janeiro, de cidades como Campos, Macaé e Vassouras, iam pouco a pouco desenhando os traços que depois predominariam em nosso jeito de ser.

Nos albores do carnaval carioca, numa tendência coletiva e espontânea, a Praça Onze foi sendo o cenário, o palco, o destino dos ranchos, cordões, blocos e, finalmente, das escolas de samba.

Em 1942, foi a vez da velha praça sofrer o impacto das mudanças urbanas que a modernidade impunha. Para que fosse aberta a Avenida Presidente Vargas, houve outro "bota abaixo", desalojando famílias, escolas e casas comerciais. Local festivo em qualquer época do ano graças às cervejarias sempre muito freqüentadas, e aos clubes dançantes como a Kananga do Japão, a Praça Onze foi um dos pontos de convergência da alegria desta cidade.

Seu final foi cantado neste samba definitivo de Grande Otelo e Herivelto Martins:

PRAÇA ONZE

Vão acabar com a Praça Onze
Não vai haver mais escola de samba, não vai
Chora o tamborim
Chora o morro inteiro
Favela, Salgueiro
Mangueira, Estação Primeira
Guardai os vossos pandeiros, guardai
Porque a escola de samba não sai

Adeus, minha Praça Onze, adeus
Já sabemos que vai desaparecer
Leva contigo a nossa recordação
Mas ficarás eternamente em nossos corações
E algum dia nova praça nós teremos
E o teu passado cantaremos.

Se geograficamente falando a Praça Onze deixou de existir, no imaginário e na simbologia cariocas ela continua. Hoje lá está entronizada sobre uma pirâmide, com olhar soberano e vigilante, a estátua de Zumbi dos Palmares, inaugurada em novembro de 1986, numa iniciativa do prof. Darcy Ribeiro quando vice-governador e secretário de cultura do Governo Leonel Brizola.

Na época houve discussões a respeito da fidelidade na reprodução da figura lendária do Zumbi. O modelo usado foi uma estátua representando um originário da etnia iorubana, quando algumas informações históricas dão conta de que o grande líder era, de origem, banto. De qualquer modo o importante é que pela primeira vez no Brasil e Américas um herói negro na luta contra a escravidão recebeu do Estado constituído uma homenagem dessa importância. Na festa de inauguração, mais de cem mães e pais-de-santo, da umbanda e do candomblé, com muito atabaque e defumador, mais o timbre ancestral de Gilberto Gil e a sacralidade evocada pelos benditos cantados por Carmem Costa, pareciam trazer de volta à praça os sons das casas das tias Ciata, Bebiana, Perciliana, das palmas batidas nos sambas-de-roda e nos cânticos de louvor aos orixás. A pequena África, como cunhou Heitor dos Prazeres, revivia no seu esplendor.

Capítulo 19

O barracão

Arlindo Rodrigues no Barracão do Salgueiro

Quando, no carnaval de 1888, surgiu nas ruas do Rio de Janeiro a Sociedade Carnavalesca Triunfo dos Cucumbis, instalava-se a partir dali um jeito novo, uma contribuição renovadora, um dado revolucionário nos festejos que, até então, não tinham incorporado a população negra. A julgar pelos depoimentos de viajantes como Debret, Koster, Thomas Ewbank, para citar apenas alguns, nota-se que nos primeiros carnavais o negro era apenas um coadjuvante que enchia os limões-de-cheiro para as guerras do entrudo ou acudia o senhor ou senhora quando, encharcados de água e outros líquidos, e melados de polvilho e tinta, voltavam para casa. Estavam na periferia da festa, como de resto em tudo mais.

Os Cucumbis, variantes dos Congos, tinham um toque de fantasia e imaginação porque os negros que deles participavam vestiam trajes de indisfarçável origem tribal. Eram penas e cocares misturados com calças e camisas bordadas com galões dourados, miçangas e colares com presas de animais. E o mais importante era que todo este material era manufaturado pelos próprios participantes, acrescentando o seu poder criativo àquela que seria, em breve, a nossa maior manifestação de cultura de massa. Era a mão negra no carnaval.

A partir dos grupos de Cucumbis, verdadeiramente o nosso carnaval já não foi o mesmo. A influência da presença negra se fez sentir nos contornos rítmicos que iam tomando novas formas, nos instrumentos e nos trajes. Não se tratava apenas de uma mão-de-obra disponível para a confecção dos objetos, era bem mais que isto. Cada um era impregnado pela emoção e pelo sentido estético que definia a sua própria importância no âmbito da festividade.

E foi isso que passou a ocorrer desde lá. O artista negro, o artesão negro, vincou a sua marca nos instrumentos, nas fantasias, na alegoria. Ontem nos cordões e nos ranchos, hoje nos blocos e nas escolas de samba. É um mundo colorido, rico de emoções, que se desborda sobre a visão e a sensibilidade de tantos quantos tenham a ventura de vê-lo. Este grande milagre se opera na transformação dos elementos. Pela mão negra os ingredientes adquirem formato e contextura novas, herança secular de uma raça que, nas suas várias etnias, manteve o ponto comum do uso social da criação artística. Da máscara ao instrumento musical.

No universo carnavalesco fantasia é mais que o disfarce que esconde, é o ato que revela a vastidão do imaginário, usando o material mais vulgar, mais inesperado, e transformando-o em objetos de comovente beleza. É como fazer resplandecer de uma sucata o brilho inesperado de uma jóia rara. A conhecida máxima de Lavoisier – "na natureza nada se perde, tudo se transforma" – tem na utilização dada nas escolas de samba a alguns materiais a sua incontestável confirmação.

Rolhas de garrafa, tampinhas, bacias, latas vazias, pontas de folhas-de-flandres, serragem, sacos de plástico, caixas de sapato, papéis laminados de maço de cigarro, são apenas alguns dos elementos que se transformam em coisas inimagináveis. E este grande tacho onde a alquimia dos feiticeiros do carnaval opera a transformação chama-se barracão.

E o que é o barracão? O espaço onde reina o mais legítimo espírito popular. Enfeitado com bandeirinhas coloridas, recortadas e coladas em vários fios de barbante, pode servir para uma festa junina ou para uma celebração ritual afro-brasileira. Despojado e precário, acumulando isopor, prego, compensado e alumínio, é o lugar onde o carnaval das escolas de samba toma jeito e forma, e não só a forma, mas o perfil do próprio carnaval. É no barracão que se juntam todas as informações ancestrais que são realmente o grande caldo cultural que anima a arte popular do nosso país.

Grandes momentos de criação já foram derramados na pista dos desfiles por carnavalescos de várias escolas e com diversos enredos. Desde os tempos da Vai Como Pode, nome anterior da Portela, quando no primeiro concurso oficial de escolas de samba, em 1935, venceu com o enredo O Samba Dominando o Mundo, muita coisa aconteceu. Sob a liderança de Paulo da Portela, Antônio da Silva Caetano criou, desenvolveu e realizou este enredo que, a partir daquele momento, estabeleceu um conceito para a apresentação das escolas de samba enfatizando a posição do carnavalesco.

Ao longo desses anos figuras e fatos de nossa história, muitos até ignorados pelo currículo escolar, tiveram sua importância restabelecida pelos sambistas e carnavalescos. Para citarmos apenas alguns que ilustram muito bem a nossa afirmação, basta que lembremo-nos de:

- Quilombo dos Palmares, enredo de Fernando Pamplona para os Acadêmicos do Salgueiro (1960);
- Aleijadinho, também de Fernando Pamplona para o Salgueiro (1961);
- Chica da Silva, que Arlindo Rodrigues fez para o Salgueiro (1963);
- Cinco Bailes na História do Rio, de Armando Iglesias para o Império Serrano (1965);
- Delmiro Gouveia, de Renato Lage para a Unidos da Tijuca (1980);
- Como Era Verde o meu Xingu, de Fernando Pinto para a Mocidade Independente (1983);
- Langsdorff, Delírio na Sapucaí, de Mário Monteiro para a Estácio de Sá (1990);
- Catarina de Médicis na corte dos Tupinambôs e Tabajeres, de Rosa Magalhães para a Imperatriz Leopoldinense (1994).

O que impressiona a quem visita um barracão é a alegria com que as pessoas trabalham ali. Elas têm consciência de que estão misturando o seu suor, a sua esperança e o seu talento numa obra que é de todos. Uma obra comum a todos, uma obra que é o seu próprio retrato. O retrato da sua alegria, da sua angústia, da sua esperança. O retrato da sua maneira peculiar de ser. Por esta razão, entre tantas outras, o barracão assume essa função, essa qualidade, esse envolvimento místico. Ele não tem uma conformação física que determine a sua existência. Tem, isto sim, um ar, um clima, uma ambientação que promove o encontro da arte com o artista.

No barracão a mão negra de vários matizes, e por isso passou a ser a mão do povo, estende a generosidade da sua aptidão em – sem ser mágica – ter magia para fazer do sonho uma realidade, mesmo que seja uma realidade que dure pouco. Dure o tempo do desfile de uma escola de samba.

Capítulo 20

As Escolas de samba

Acredito que a escola de samba, como organismo catalizador da alma popular, é uma fatalidade histórica. Seu trajeto começou a ser urdido nas senzalas, entre as lembranças da terra distante, do sofrimento e humilhação impostos na travessia não desejada, na impiedade dos leilões, e na saga que começava a ser vivida. Tudo isto teria que ser contado depois e, para ser fiel aos depositários das lembranças, na sua forma predileta. Em canto e dança.

Sua existência sintetiza o resultado de todas as manifestações que foram-se somando ao longo dos tempos. Os cordões, os ranchos, as sociedades, formaram a amálgama que plasmou essa organização social e artística, inegavelmente peculiar, nascida e criada no Rio de Janeiro.

No Largo do Estácio de Sá, final da década de 20, nas proximidades da subida do morro de São Carlos, nasceu a escola de samba. Ponto de encontro de compositores, bons malandros, bambas que não levavam desaforo para casa, lá batiam ponto – para usar uma expressão da época – Ismael Silva, Nilton Bastos, Osvaldo Barcelos (Baiaco), Mano Edgar, Mano Rubem (Rubem Barcelos, irmão de Alcebíades Barcelos, o Bide), Osvaldo Papoula, Juvenal Lopes (o popular Nanal) que eram os mais considerados. Eles iam muito também para as proximidades de uma Escola Normal que existia na esquina das ruas Joaquim Palhares e Machado Coelho, e, para espicaçar a turma dos ranchos, diziam: "Se quem ensina às crianças são chamados de professores, nós, que sabemos tudo de samba, também somos mestres e formamos uma escola, escola de samba". Em várias ocasiões e em diversas entrevistas, Ismael Silva declarou peremptório: "Quem inventou a expressão *escola de samba* fui eu". E complementou, explicando a razão do nome da escola criada: "Deixa falar, é daqui que saem os professores".

Pág. ao lado: Unidos de Vila Isabel, enredo Parece Que Foi Ontem, 1985.

Até hoje paira uma certa bruma sobre a história da criação da primeira escola de samba. Muita gente contestou Ismael mas, sem que se saiba exatamente por que, a sua versão foi a que ficou. E consolidou-se na música popular através deste samba de Pereira Matos e Joel de Almeida:

PRIMEIRA ESCOLA

A primeira escola de samba
surgiu no Estácio de Sá
eu digo isso e afirmo
e posso provar
porque existiam naquele tempo
os professores do lugar,
Mano Nilton, Mano Rubens e Edgar
ainda outros que eu não quero falar

Depois surgiu a Favela
Mangueira e mais tarde a Portela
ainda faltam muitas outras
que peço desculpas por não falar
a não ser Vila Isabel
em homenagem ao saudoso Noel.

A partir do seu surgimento a escola de samba passa a ser o grande diferencial do carnaval carioca. Mudanças e conceitos foram sendo elaborados, e a visão estética desenvolveu-se seguindo padrões onde diversos valores estão envolvidos. Sim, porque não se trata de manifestação engessada em seus próprios princípios, imune ao que acontece ao redor. Antes, é uma concepção artística que exibe os matizes da observação de quem nela está envolvido.

Do ponto de vista musical, instrumental, coreográfico e plástico, a escola de samba, ao longo desses anos que nos separam das noites boêmias da rapaziada do Estácio, vem passando por significativas transformações. É com indisfarçável espanto que ouço opiniões que querem confiná-la a um passado já não tão recente, em nome de uma pureza ou "autenticidade" que existe na lembrança de cada um. Não deixa de estar eivado de um certo elitismo desconhecer que os componentes e artífices da escola estão sujeitos à radiação informativa que nos chega através de todos os métodos e meios. E seria incongruente que uma agremiação destinada a recontar, à sua maneira, episódios, interpretações, avaliações de fatos, pessoas e fragmentos do nosso imaginário, prescindisse de uma linguagem contemporânea.

Exageros, claro que existem. O andamento do samba no desfile, "marcheando" em detrimento da síncope, é um deles. Assim como o excesso de componentes que prejudica a harmonia, a parcimoniosa exibição da maioria dos casais de porta-bandeira e mestre-sala, que realizam a sua dança apenas à frente dos jurados, o prestígio dado a figuras notórias mas não identificadas com a escola, apenas dela se servindo, e o pouco tempo para que os passistas possam demonstrar a sua habilidade.

Escola de Samba Vai Como Pode, anos 40.

Império Serrano, ala das baianas, 1958

O que é inegável, porém, é que o desfile das escolas de samba é hoje em dia o grande pólo de atração do nosso carnaval. Para o bem e para o mal. Eleito à condição de maior espetáculo da Terra, mobiliza os meios de comunicação do Brasil e do exterior, proporciona grandes transações financeiras, facilita ganhos extraordinários, projeta artistas e modelos iniciantes, *socialites* ávidas e políticos carentes. Sua afirmação começou nos anos 50 com a decadência das chamadas grandes sociedades, das quais herdou a importância das alegorias de impacto e dos carros alegóricos críticos.

Com a transmissão pela TV Continental em 1960, um novo ciclo iniciou-se, rompendo com alguns aspectos da formulação vigente. Por coincidência, foi quando o Salgueiro, pelas mãos de Nelson Andrade, adotou como carnavalescos Marie-Louise e Dirceu Nery, Fernando Pamplona, Arlindo Rodrigues e Newton Sá. A revolução estética da escola modificou a cara dos desfiles, ousando um novo tipo de enredo dos quais os exemplos mais notáveis são: Palmares (1960), Chica da Silva (1963) e Bahia de Todos os Deuses (1969).

Coincidência ou não, depois do golpe militar de 1964, com o fechamento dos partidos políticos, pelo menos no Rio de Janeiro o futebol e a escola de samba foram as válvulas de escape que restaram para a explosão do sentimento popular. A classe média, até então arredia, não ia às quadras nem desfilava, e passou a incluir os ensaios no seu programa de lazer do fim de semana. Cerveja barata e paquera à vontade eram um binômio irresistível.

Daí a sair de destaque (fantasias sempre caras) em um carro ou com os conhecidos numa ala, foi um passo. Se bem que tinham que acertar o passo na avenida.

Avenida Rio Branco, Avenida Presidente Vargas, Avenida Antônio Carlos e Avenida Marquês de Sapucaí (que é rua mas foi promovida), palcos que abrigaram os desfiles e um público cada vez maior. Em 1984 foi inaugurada a Passarela do Samba ou Sambódromo, como querem alguns. Era antiga idéia de Amaury Jório, um dos fundadores da Imperatriz Leopoldinense, renitente batalhador pela causa do samba e das escolas de samba que, infelizmente, não viveu para ver seu sonho realizado, graças a um outro sonhador, Darcy Ribeiro, que reuniu o traço mágico de Oscar Niemeyer e a decisão do então governador Leonel Brizola.

É preciso distinguir a escola de samba, agremiação carnavalesca que compete no desfile, da escola de

samba organismo social que vive os outros dias do ano cada vez mais empenhada em ser útil à coletividade. Eis aqui um aspecto novo que deve ser observado, um ciclo que se abre para ampliar os benefícios para a cidadania. As vilas olímpicas, as creches, os cursos de alfabetização, os cursos profissionalizantes, a utilização da mão-de-obra na confecção de carros e fantasias, tudo isto vem acontecendo em algumas escolas e cada vez se espalhando mais.

Trata-se de um dado novo que já está tendo um grande poder transformador, execrando o conceito de que pobreza e marginalidade são irremediáveis e fatais.

No despontar do século XXI as escolas de samba dão uma resposta e uma demonstração de que o destino pode ser modificado. São muitos os heróis dessa batalha pelo bem comum, criadores de enredos e de sambas, que conseguem sintetizar e expor com propriedade o que querem contar. Carnavalescos como Paulo da Portela, Armando Iglésias, Júlio Matos, Fernando Pamplona, Arlindo Rodrigues, Joãozinho Trinta, Maria Augusta Rodrigues, Aelson, Edmundo Braga, Ney Ayan, Hiram Araújo, Lícia Lacerda, Rosa Magalhães, Max Lopes, Roberto Szanieck, Mário Boriello, Clóvis Bornay, Renato Lage, Alexandre Louzada, Viriato Ferreira, Mário Monteiro, Chico Spinoza, Mauro Quintaes; compositores como Silas de Oliveira, Walter Rosa, Mano Décio da Viola, Catoni, David Correa, Noel Rosa de Oliveira, Geraldo Babão, Beto Sem Braço, Aloísio Machado, Paulo Benjamim de Oliveira (Paulo da Portela), Antenor Gargalhada, Padeirinho (Osvaldo Vitalino), Djalma Sabiá, Elton Medeiros, Martinho da Vila, Didi (Adolfo Carvalho Baeta Neves); e intérpretes ou puxadores como Jamelão, Jorge Goulart, Elza Soares, Marlene, Neguinho da Beija-Flor, Dominguinhos do Estácio, Jorginho do Império, Marron do Salgueiro, Preto Jóia, Paulinho da Mocidade, Nego, Dedé da Portela.

Pág. ao lado: Império Serrano, enredo Samba, Suor e Cerveja, 1985.

Em cada categoria muitos e muitos poderiam ser citados.

Do ponto de vista estritamente carnavalesco, a escola de samba, em sendo uma entidade coletiva e mutante, felizmente não cristalizou-se e tem disposição para desvendar novos caminhos. Para isso basta que os carnavalescos e dirigentes não se acomodem. De repente ressurgem como novidade as velhas guardas, serão elas o farol para outras mudanças?

Ala das Damas – Delicada presença muitas escolas

Capítulo 21

Todas as campeãs

O primeiro desfile de escolas de samba de que se tem notícia foi realizado em um domingo de carnaval por iniciativa do pai-de-santo Zé Espinguela, cujo nome verdadeiro ainda hoje é motivo de dúvidas, porque uns dizem que era José Spinelli e outros afirmam que era José Gomes da Costa. De qualquer modo, o importante é que ele tinha grandes amigos no morro da Mangueira, constando como um dos fundadores da Estação Primeira. Quando, em 1944, Villa-Lobos, a pedido de Leopold Stokowsky, reuniu um grupo de compositores para gravar algumas músicas que serviriam de amostragem da música popular brasileira, o maestro socorreu-se na amizade com Cartola que, por sua vez, convocou Zé Espinguela para arregimentar a rapaziada. No disco ele cantou vários pontos de macumba.

Nos pagodes do final de semana, depois das obrigações religiosas, em seu terreiro que ficava na Rua Francisco Méier, no Engenho de Dentro, acontecia uma verdadeira tertúlia de sambistas. É necessário destacar que, naquela época, o samba, assim como a macumba – nome genérico das religiões afro-brasileiras –, era marginais perseguidos pelos homens da lei. Praticar estas duas modalidades era um risco máximo, que não intimidava Zé Espinguela. Os sambistas iam chegando com pandeiros embrulhados em jornal, tamborins enfiados dentro da camisa, reco-recos de madeira no bolso da calça, provocando até mal-entendidos... e em pouco tempo a roda estava formada com o partido alto comendo solto, desafiando os versejadores.

Com o desenrolar do tempo, a ocasião desses encontros passou também a ser a mostra de sambas inéditos. Cartola, Maçu, Saturnino, Ismael, Bide, Rubens, estava todo mundo lá, cada qual caprichando mais, e o dono da casa, animado, resolveu instituir uma premiação. Num domingo de carnaval, não se sabe ao certo se de 1930 ou 1931, surgem na Praça

Onze, como não poderia deixar de ser, uns blocos ou embaixadas, como também eram denominados, na verdade um ajuntamento de mulheres e homens fantasiados de baiana, um grupo de ritmistas com ganzás, cuícas, pandeiros e tamborins, cantando sambas que, como mandava o figurino, só tinham uma parte cantada em coro, a segunda era improvisada.

Os grupos representavam Mangueira, Bento Ribeiro, Portela, Estácio e Favela, e o juiz era uma só pessoa: Zé Espinguela, que comprou as taças e atribuiu os prêmios, sendo o primeiro lugar para a Mangueira, a despeito dos protestos de Heitor dos Prazeres (Bento Ribeiro), Paulo da Portela e Ismael Silva (Estácio).

Assim começavam duas instituições duradouras em nosso carnaval: o desfile das escolas (ainda que não tivessem nem a forma nem a denominação) e a bronca contra o resultado.

Nos anais dos desfiles, a informação sempre cons-tante é de que o primeiro, ainda que em caráter extra-oficial, foi realizado no dia 7 de fevereiro de 1932, na Praça Onze e sob o patrocínio do jornal O Mundo Sportivo (na grafia da época). Desse ponto em diante teremos a escola campeã de cada ano e a comissão julgadora que atribuiu a premiação, levando em conta itens como bateria, samba, fantasias, que na linguagem carnavalesca são os famosos quesitos, que o seu Natal (Natalino José do Nascimento), o grande patrono da Portela, no seu linguajar típico só chamava de "esquisitos".

1932 – 7 de fevereiro:
Campeã: Mangueira.
Comissão julgadora: Álvaro e Eugênio Moreira, José Lira, Orestes Barbosa, Fernando Costa, Raimundo Magalhães Jr. e J. Reis.

1933 – 26 de fevereiro (patrocínio d'O Globo):
Campeã: Mangueira.
Comissão julgadora: João da Gente, Jorge Murad e Jofre Rodrigues.

1934 – 20 de janeiro (desfile no Campo de Santana em homenagem ao Prefeito Pedro Ernesto):
Campeã: Prazer da Serrinha.
Comissão julgadora: Francisco Neto, Floriano Costa, Jota Efegê, Venerando da Graça e Antônio Veloso.

1935 – 3 de março:
A partir desse ano os desfiles passaram a ser oficiais por determinação de Pedro Ernesto, e voltaram à Praça Onze, sempre com patrocínios de jornais. Esse ano o patrocínio foi d'A Nação.
Campeã: Vai como pode.
Comissão julgadora: Reinaldo Barbosa, Nicornélio Batista, Dr. B. Luz, Ismael Silva, José Gomes da Costa (Zé Espinguela).

1936 – 23 de fevereiro:
Campeã: Unidos da Tijuca.
Comissão julgadora: Darcy Adesi, Júlio Matos Soares, Manoel Ferreira, Antônio Borges da Cunha.

1937 – 7 de fevereiro (patrocínio d'A Pátria):
Campeã: Vizinha Faladeira.
Comissão julgadora: Raul Alves, Carlos Ferreira, Abílio Harry Alves, Lourival Pereira.

1938 – 27 de fevereiro:
Não houve classificação por causa da chuva.
1939 – 19 de fevereiro:
Campeã: Portela.
Comissão julgadora: Lauro Alves de Souza,

Athenes Glasser, Lourival César, Álvaro Pinto da Silva, Austregésilo de Athayde.

1940 – 4 de fevereiro:
Campeã: Mangueira
Comissão julgadora: Modestino Kanto, Francisco Guimarães Romano, Genhardt Luckman, Arlindo Cardoso, Nourival Dalier Pereira.

1941 – 23 de fevereiro:
Campeã: Portela.
Comissão julgadora: Arlindo Cardoso, Nourival Pereira, Calixto Cordeiro, Francisco Guimarães Romano, Álvaro Pinto.

1942 – 15 de fevereiro:
Campeã: Portela.
Comissão julgadora: Francisco Guimarães Romano, Modestino Kanto, Florêncio de Lima, Nourival Dalier Pereira, Arlindo Cardoso, Luiz Augusto de França, Domingos da Costa Rubens.

1943 – 7 de março (patrocínio: Liga de Defesa Nacional e União Nacional dos Estudantes):
Campeã: Portela.
Comissão julgadora: Guimarães Machado, Maurício Vinhaes, Benedito Calheiros Bonfim, Norival Pereira, Luiz Gonzaga.

1944 – 20 de fevereiro (no obelisco da Avenida Rio Branco):
A prefeitura não pagou a subvenção que dava anualmente, mas mesmo assim houve desfile.
Campeã: Portela.
Comissão julgadora: membros da Liga de Defesa Nacional e União Nacional dos Estudantes.

1945 - 11 de fevereiro (Avenida Rio Branco):
Campeã: Portela.
Comissão julgadora: novamente membros da LDF e UNE.

1946 - 3 de março (Avenida Presidente Vargas):
Campeã: Portela.
Comissão julgadora: Manoel Piló, Cristóvão Freire, Armando Santos, Nourival Dalier Pereira.

1947 - 9 de fevereiro:
Campeã: Portela.
Comissão julgadora: Cristóvão Freire, Jaime Correa, Eduardo Magalhães, José Nunes da Silva Sobrinho, Manoel Piló, Armando Santos.

1948 - 8 de fevereiro:
Campeã: Império Serrano.
Comissão julgadora: Irênio Delgado, Messias Cardoso, José Nunes da Silva Sobrinho.

De acordo com o historiador Hiram Araújo, somente a Federação das Escolas de Samba recebeu verba da prefeitura para distribuir entre as suas filiadas. A subvenção da União Geral das Escolas de Samba foi cortada; metade do dinheiro foi para a Federação e a outra metade para a decoração da cidade. Teria sido uma represália ao apoio do jornal comunista Tribuna Popular à União Geral das Escolas de Samba. Conta-se que o resultado final do concurso seria alterado para 1° lugar: Mangueira, e 2° lugar: Portela. Entretanto, os mapas verdadeiros chegaram às mãos do locutor Heron Domingues, o Repórter Esso, que leu o resultado final conforme constava inicialmente. Mangueira e Portela, por isso, consideram-se campeã e vice-campeã do carnaval de 1948.

1949 – 27 de fevereiro:
Desfile oficial (da Federação) na Avenida Presidente Vargas:
Campeã: Império Serrano.
Comissão julgadora: Alfredo Barbosa, Riscala Bitar e Roberto Pessoa.
Desfile não-oficial (da União) na Praça Onze:
Campeã: Portela.
Comissão julgadora: Major Paredes, Burle Marx, Gastão Formenti, Armando Vianna, Pires da Silva.

1950 – 19 de fevereiro:
Desfile oficial – Avenida Presidente Vargas:
Campeã: Império Serrano.
Comissão julgadora: Manoel Barbosa Moreira, Ely Garcia, Ariosto Pinto, Álvaro Dias, Edi Carole, Armando Santos, Breno Pessoa, Lamartine Babo.
Desfile não-oficial – Praça Onze:
Campeã: Mangueira.
Comissão julgadora: Pires da Silva, Cristóvão Freire, Craveiro Júnior, Bernardo Cruz, Luiz Augusto, Claudionor Rocha.

1951 - 4 de fevereiro:
Desfile oficial:
Campeã: Império Serrano.
Desfile não-oficial:
Campeã: Portela

1952 – 24 de fevereiro:

Nessa data houve a fusão da Federação com a União. No dia 5 de março foi criada a Associação das Escolas de Samba, que passou a congregar todas as escolas. Embora a Confederação continuasse a existir, deixou de haver dois desfiles distintos, o que acontecia desde 1949. Foram criados os Grupos I, que desfilava em um tablado de sessenta metros na Avenida

Presidente Vargas entre a Rua Uruguaiana e a Avenida Rio Branco, e o II, nas proximidades da Praça Onze do lado da Central do Brasil. Pelo regulamento, as que tirassem os três primeiros lugares no Grupo II ascendiam para o I, onde desfilariam no ano seguinte. Nesse ano não houve o concurso das escolas do Grupo I por causa do temporal que caiu e os jurados tiveram que abandonar o palanque. A campeã do Grupo II foi a Unidos do Indaiá.

Comissão julgadora: Milton Amaral, Sílvio Silva, Maestro Silva, José Moreira Bastos, Dulce Louzada.

1953 - 15 de fevereiro:
Campeã do Grupo I: Portela.
Comissão julgadora: Manuel Frias, Dulce Marques, Alfredo Barbosa, Paulo Oliveira Filho e Modestino Kanto.
Campeã do Grupo II: Acadêmicos do Engenho da Rainha.

1954 - 28 de fevereiro:
Campeã do Grupo I: Mangueira.
Comissão julgadora: Renato Miguez, Mercedes Silva, José Nunes Sobrinho, Canuto Silva e Dulce Louzada.
Campeã do Grupo II: Beija-Flor.

1955 - 20 de fevereiro:
Campeã do Grupo I: Império Serrano.
Comissão julgadora: Mercedes Batista, Ismael Côto, Próspero Karan, Wilson Couto, Hilton Pádua.
Campeã do Grupo II: Corações Unidos de Jacarepaguá.

1956 - 12 de fevereiro:
Campeã do Grupo I: Império Serrano.
Comissão julgadora: Canuto Silva, Elba Nogueira,

Francisco Galloti, Bené Alexandre, Gabriela Leite de Brito.
Campeã do Grupo II: Flor do Lins.

1957 – 3 de março (Avenida Rio Branco, entre a Rua Santa Luzia e a Avenida Almirante Barroso):
Campeã do Grupo I: Portela.
Comissão julgadora: Mozart Araújo, Edson Carneiro, Solano Trindade, Iberê Camargo, Alceu Pena.
Campeã do Grupo II: Unidos de Bangu.

1958 – 16 de fevereiro:
Campeã do Grupo I: Portela.
Comissão julgadora: Mozart Araújo, Marie-Louise Nery, Eneida, Mário Barata, Elba Nogueira.
Campeã do Grupo II: Mocidade Independente de Padre Miguel.

1959 – 8 de fevereiro:
Campeã do Grupo I: Portela.
Comissão julgadora: Fernando Pamplona, Lúcio Rangel, Edson Carneiro, Eneida, Belá Paes Leme, Brasil Easton.
Campeã do Grupo II: Unidos de Padre Miguel.

1960 – 28 de fevereiro:
Campeãs do Grupo I: Portela, Mangueira, Salgueiro, Unidos da Capela e Império Serrano (empatadas de acordo com o regulamento).
Comissão julgadora: Lúcio Rangel, Kalma Murtinho, Eneida, Haroldo Costa, Ana Letícia.
Campeã do Grupo II: Caprichosos de Pilares.
A partir desse ano foi criado o Grupo III, e a campeã foi Unidos de Vila Isabel.

1961 – 12 de fevereiro:
Campeã do Grupo I: Mangueira.

Comissão julgadora: Raimundo Nogueira, Maria Clara Machado, Eugênio Hirsch, Aloísio Alencar Pinto, Tatiana Leskowa.
Campeã do Grupo II: Unidos do Cabuçu.
Campeã do Grupo III: Imperatriz Leopoldinense.

1962 – 4 de março:
Campeã do Grupo I: Portela.
Campeã do Grupo II: Unidos do Bangu.
Campeã do Grupo III: Independentes do Leblon.

1963 – 24 de fevereiro (desfile na Avenida Presidente Vargas a partir da Candelária):
Campeã do Grupo I: Salgueiro.
Comissão julgadora: Luiz Augusto Pedregal Sampaio, Arlindo Marques Júnior, Rubem Correa, Nina Verchinina, Armando Schomoon, César Teixeira, Gessi Santos, Manoel Antônio Mendonça, Everaldo Barros, Haroldo Costa, Aroldo Bonifácio, Heitor Dias.
Campeã do Grupo II: Unidos da Capela.
Campeã do Grupo III: Acadêmicos de Santa Cruz.

Paula do Salgueiro, um grande ícone do carnaval carioca, 1963.

1964 – 9 de fevereiro:
Campeã do Grupo I: Portela.
Comissão julgadora: José Lewgoy, Lair Teixeira Pepina, Mary Angélica, Paulo Afonso de Machado, Lenita Galdeano, Edgar da Rocha Miranda, Jacy Campo, Danúbio Menezes Galvão, Jesse Américo Peçanha, Milton Morais.
Campeã do Grupo II: Império da Tijuca.
Campeã do Grupo III: São Clemente.

1965 – 28 de fevereiro:
Campeã do Grupo I: Salgueiro.
Comissão julgadora: Geraldo Figueiredo, Milton Morais, Vera Lúcia Dontel, Marília Batista, Thérèse Quié, Noemi Flores, Enid Sauder, Quirino Campiofiorto, Maurício Sherman.
Campeã do Grupo II: Acadêmicos de Santa Cruz.
Campeã do Grupo III: Unidos de São Carlos.

1966 – 20 de fevereiro:
Campeã do Grupo I: Portela.
Comissão julgadora: Oziel Peçanha, Danúbio Menezes Galvão, Dalva Duarte, Joel Lopes, Berta Rosanova, Maurício Sherman, Celita Vaccari, Mário Oliveira, Darcy Tecídio, Vera Lúcia Gertel.
Campeã do Grupo II: São Clemente.
Campeã do Grupo III: Em Cima da Hora.

1967 – 5 de fevereiro
Campeã do Grupo I: Mangueira.
Comissão julgadora: Ricardo Cravo Albim, Chico Buarque de Holanda, Johnny Franklin, Ana Martins, Ítalo Oliveira, Aloísio Magalhães, Danúbio Menezes Galvão, Diva Pieranti.
Campeã do Grupo II: Unidos de São Carlos.
Campeã do Grupo III: Unidos do Jacarezinho.

1968 – 25 de fevereiro.
Campeã do Grupo I: Mangueira.
Comissão julgadora: Danúbio Galvão, Inácio Guimarães, João de Barro, Johnny Franklin, Napoleão Muniz Freire, Cláudio Nonelli Barbastefano, Ítalo de Oliveira, Maurício Sherman, Sandra Dicken, Ricardo Cravo Albim.
Campeã do Grupo II: Em Cima da Hora.
Campeã do Grupo III: Paraíso do Tuiuti.

1969 – 16 de fevereiro:
Campeã do Grupo I: Salgueiro.
Comissão julgadora: Armando Schnoor, Vera Martins, Abigail Moura, David Dupré, Roberto Acioli, Cláudio Nonelli Barbastefano, Danúbio Galvão, Milton Rodrigues, Vera Lúcia Montreal, Geraldo Figueiredo.
Campeã do Grupo II: Acadêmicos de Santa Cruz.
Campeã do Grupo III: Unidos do Cabuçu.

1970 – 8 de fevereiro:
Campeã do Grupo I: Portela.
Comissão julgadora: Mozart Araújo, Sérgio Bittencourt, Riva Shiper, Lêdo Ivo, Danúbio Galvão, Berta Rosanova, Péricles de Barros, Elba Nogueira, Flory Gama, Paulina Katz.
Campeã do Grupo II: Império da Tijuca.
Campeã do Grupo III: Cartolinhas de Caxias.

1971 – 21 de fevereiro:
Campeã do Grupo I: Salgueiro.
Comissão julgadora: Luiz Jasmim, Egberto Gismonti, Cláudio Nonelli Barbastefano, Lindolfo Gaya, Danúbio Galvão, Elba Nogueira, Stelinha Egg, Péricles de Barros, Pedro Correia de Araújo, Aziz Ahmed.
Campeã do Grupo II: Em Cima da Hora.
Campeã do Grupo III: Caprichosos de Pilares.

Isabel Valença como Ana Paes e Ab Joggmaas como Maurício de Nassau
no enredo Festa Para Um Rei Negro, Salgueiro, 1971.

1972 – 13 de fevereiro:
Campeã do Grupo I: Império Serrano.
Comissão julgadora: Vera Tylde de Castro Pinto, Maria São Paulo de Pena e Costa, Gisela Machado, Nélio Rodrigues, Bené Nunes, Maria Fernanda, Carlos Monteiro de Souza, Nelva Chaves, Bárbara Heliodora, Alexandre Dedey, Fernanda Camargo de Almeida, Luiz Bothuna.
Campeã do Grupo II: Tupi de Brás de Pina.
Campeã do Grupo III: Império de Campo Grande.

1973 – 4 de março:
Campeã do Grupo I: Mangueira.
Comissão julgadora: Dayse Lúcidi Mendes, Amaral Gugel, Oly Heidberg, Ciro de Souza, Alexandre Gedey, Armando Nesi, Oswaldo Sargentelli, Madeleine Rosay, Álvaro Alves Filho, Aurélio Buarque de Holanda.
Campeã do Grupo I: Unidos de São Carlos.
Campeã do Grupo III: Acadêmicos de Santa Cruz.

1974 – 24 de fevereiro:
Nesse ano o desfile foi na Avenida Antônio Carlos no sentido Praça XV – Avenida Beira-Mar.
Campeã do Grupo I: Acadêmicos do Salgueiro.
Comissão julgadora: Ledo Ivo, Luiz Paulo Mamede, Rubem Ultrabo, Fernando de Azevedo Silva, Quirino Campofiorito, Arminda Villa-Lobos, Eleazar de Carvalho, Luciano Perrone, Marcos Flasksman, Wilma Rodrigues de Carvalho.
Campeã do Grupo II: União da Ilha do Governador.
Campeã do Grupo III: Unidos de Padre Miguel.

1975 - 9 de fevereiro:
Nesse ano o desfile foi também na Avenida Antônio Carlos, mas no sentido Avenida Beira-Mar – Praça XV.
Campeã do Grupo I: Salgueiro.
Comissão julgadora: Pierluigi Parodi, Pereira Reis Filho, Lígia Fernandes, Berta Rosanova, Tatiana Leskowa, Edmundo Souto, Ricardo Tacuchian, Kalma Murtinho, Vicente Tapajós, Luiz Bandeira.
Campeã do Grupo II: Lins Imperial.
Campeã do Grupo III: Arranco do Engenho de Dentro.

1976 – 29 de fevereiro:
O desfile foi na Cidade Nova, na altura do Mangue, e o regulamento instituiu 3 julgadores para cada quesito, cada um podendo dar até 5 pontos.

Campeã do Grupo I: Beija-Flor de Nilópolis.
Comissão julgadora: Jorge Silva, Ronaldo Correia e João Paulo (bateria); Sérgio Ricardo, Arnaldo Schneider e Vanja Orico (samba-de-enredo); Carlos Moraes, Denyus Gray e Admundo Carijó (mestre-sala e porta-bandeira); João d'Angelo e Sérgio Freitas (harmonia); Nilson Pena e Osmar Pereira (fantasias); Vicente Sales, Zembra Aslkimin e Wilma Rocha (comissão de frente); Eva Maria Teixeira, Marcelo Coelho e Marília Azevedo (evolução); Darwin Brandão e Ademar Nóbrega (enredo); Sérgio Ribeiro, Roberto Pontual e Maurício Salgueiro (alegorias e adereços).
Como três julgadores faltaram (Mário Augusto, Luiz Lobo e Coelho Neto), a comissão organizadora do desfile decidiu deixar dois julgadores ao invés de três, nos quesitos: harmonia, fantasia e enredo.
Campeã do Grupo II: Império da Tijuca.
Campeã do Grupo III: Arrastão de Cascadura.

1977 – 20 de fevereiro:

O desfile voltou à Avenida Presidente Vargas, mas no trecho compreendido entre o Campo de Santana e a Rua Machado Coelho. A concentração em volta do edifício conhecido como Balança Mas Não Cai. E o número de julgadores por quesito passou de três para dois.

Campeã do Grupo I: Beija-Flor de Nilópolis.
Comissão julgadora: Geraldo Eduardo Carneiro e John Neschling (samba-de-enredo); Ferdy Carneiro e Agostinelli (fantasias); Zelito Viana e Leda Yuque (mestre-sala e porta-bandeira); Egberto Gismonti e Chico Batera – substituído por João d'Angelo (bateria); Júlio Medaglia e Luiz Carlos Maciel (harmonia); Roberto Moriconi e Roberto Miranda (alegorias); Antônio Crisóstomo e Marcelo Coelho – Luiz de Lima substituiu Antônio Crisóstomo, que passou mal (evolução); Dalton e Antônio Pedro

Irmãs Marinho: Olívia, Mary e Norma. Salgueiro, 1971.

– este último abandonou o julgamento e foi substituído por Ana Maria King (comissão de frente); Evanildo Bechara e Bráulio Pedroso (enredo).
Campeã do Grupo II: Arrastão de Cascadura.
Campeã do Grupo III: Acadêmicos do Engenho da Rainha.

1978 – 5 de fevereiro:
O desfile foi na Rua Marquês de Sapucaí que, a partir daí, passou a ter status de avenida.
Campeã do Grupo I: Beija-Flor de Nilópolis.
Comissão julgadora: Luiz de Lima e Alberto Reis (alegorias e adereços); Bráulio Pedroso e Paulo César Sarraceni (enredo); Ana Maria King e Sônia Estrela (evolução); Armando Nesi e Edmundo Carijá (mestre-sala e porta-bandeira); Ferdy Carneiro e José Paixão (fantasias); George André e Newton Cavalcanti (harmonia); Adelson Prado e Germano Blum (comissão de frente); Ari Vasconcelos e Lourival Faissal (samba-de-enredo).
Campeã do Grupo II: Unidos de São Carlos.
Campeã do Grupo III: Em Cima da Hora.

1979 – 25 de fevereiro:

A partir desse ano a Avenida Marquês de Sapucaí passou a ser definitivamente a passarela dos desfiles, e o sentido do desfile ficou sendo da Avenida Presidente Vargas para o Catumbi. Os grupos passaram a ser deno-minados 1-A e 1-B, 2-A e 2-B. As escolas de samba do grupo 1-A desfilavam no domingo, e as do 1-B, na segunda-feira, no mesmo local. Os grupos 2-A se apresentavam no domingo e na segunda-feira na Avenida Rio Branco. Voltou o critério de um julgador para cada quesito.

Campeã do Grupo 1-A: Mocidade Independente de Padre Miguel.
Comissão julgadora: Jonas Travassos e Anselmo Mazzoni (bateria); Ademar Nóbrega e Henrique Morelembaum (harmonia); Lourival Faissal e Rildo Hora (samba-de-enredo); Marilene Ballardi e Maria Luiza Noronha (mestre-Sala e porta-bandeira); Nelly Laporte e Eduardo Sucena (evolução); Adelson Alves e Ney Barrocas (fantasias); Germano Blum e Calmon Diniz (comissão de frente); Neuza Fernandes e Cláudio Bojunga (enredo); Sátiro Marques e Emílio Castelar (alegorias e adereços)
Campeã do Grupo 1-B: Unidos de Vila Isabel.
Campeã do Grupo 2-A: Império da Tijuca.
Campeã do Grupo 2-B: Foliões de Botafogo.

1980 – 17 de fevereiro:
Campeã do Grupo 1-A: Beija-Flor de Nilópolis.
Comissão julgadora: Wilson Falcão, Wanda Fabian, José Adilson Werneck, Sérgio Silva Ferreira, João Miranda Filho, Emílio Martins, Sandro Donatelo.
Campeã do Grupo 1-B: Unidos da Tijuca.
Campeã do Grupo 2-A: Acadêmicos de Santa Cruz.
Campeã do Grupo 2-B: Paraíso do Tuiuti.

1981 – 1º de março:
O regulamento restabeleceu dois julgadores para cada quesito.
Campeã do Grupo 1-A: Imperatriz Leopoldinense.
Comissão julgadora: Russo do Pandeiro e Milton Banana (bateria); Raul de Barros e Maestro Nelsinho (harmonia); Mara d'Aparecida e Ivan Paulo (samba-de-enredo); Leda Yuqui e Ana Maria Botafogo (evolução); Marília Carneiro e Kalma Murtinho (fantasia); Lauro César Muniz e Paulo Mendes Campos (enredo); Amir Haddad e Evaldo Lemos (comissão de frente); Samir Mattar e Albery (alegorias e adereços); Gracindo Júnior e Mário Borrielo (conjunto).
Campeã do Grupo 1-B: Unidos de São Carlos.
Campeã do Grupo 2-A: Unidos da Ponte.
Campeã do Grupo 2-B: Unidos de Nilópolis.

1982 – 21 de fevereiro:
Campeã do Grupo 1-A: Império Serrano.
Comissão julgadora: Alice Colino e Lourdes Bastos (evolução); Abelardo Magalhães e Armando Viana (harmonia); Tereza de Oliveira e Reginaldo Bessa (samba-de-enredo); Gianguido Bonfanti e Heloísa Aleixo Lustosa (alegorias e adereços); Nora Esteves e Áurea Hammerli (mestre-sala e porta-bandeira); Alair Gomes e Celeida Tostes (conjunto); Luiz Carlos Ripper e Lucy Maria Boroncinky (fantasias); Adelson do Prado e Emília Rego Barros (comissão de frente); Nelson Macedo e Dirceu Santos Machado (bateria); Emanuel Brasil e Maria Alice Barroso (enredo)
Campeã do Grupo 1-B: Caprichosos de Pilares.
Campeã do Grupo 2-A: Unidos do Jacarezinho.
Campeã do Grupo 2-A: Unidos da Vila Teresa.

1983 – 13 de fevereiro:
Campeã do Grupo 1-A: Beija-Flor de Nilópolis.

Comissão julgadora: Hélio Cordovil e Maria Alice Saraiva (harmonia); Hélio Vilar e João d' Angelo (bateria); Ivete Garcia e Sérgio Ferreira (samba-de-enredo); Maria Teresa Soldatelli e Denise Casoni (mestre-sala e porta-bandeira); Sônia Vieira e Vera Martins (comissão de frente); Olga Savary e Jezebel Frigary (enredo); Aladir Duarte de Azevedo e Maria Lúcia Regina Caminha Dedawar (fantasias); Edinha Diniz e Waldir Costa Alves (conjunto); Déa Peçanha e Tília Norka (evolução).
Campeã do Grupo 1-B: Unidos de São Carlos.
Campeã do Grupo 2-A: Acadêmicos do Engenho da Rainha.
Campeã do Grupo 2-B: Mocidade Unida de Jaracepaguá.

1984 – No dia 2 de março, sexta-feira, foi inaugurado oficialmente o Sambódromo ou Passarela do Samba, com o desfile das escolas do Grupo 1-B. As escolas do Grupo 1-A (formado por 14 agremiações) desfilaram em dois dias: no sábado com sete escolas e no domingo com as outras sete. No sábado, que foi 10 de março, novos julgadores escolheram a supercampeã. Este sistema só aconteceu neste carnaval.
Campeã do Grupo 1-B: Unidos do Cabuçu.

3 de março:
Campeã do Grupo 1-A: Portela.
Comissão julgadora: Milton Rodrigues e Bené Nunes (bateria); Ricardo Cravo Albim e Ronaldo Miranda (harmonia); Gerardo de Melo Mourão e Fátima Guedes (samba-de-enredo); Eloísa Vasconcelos e Armando Nesi (evolução); Tatiana Memória e Marina Massari (fantasias); João Antônio e Caribé da Rocha (enredo); Maria Luiza Noronha e Lena Frias (comis são de frente); Antônio Faro e Irene Orazem (mestre-sala e porta-bandeira); L. Figueiredo e Rubens

Breitman (alegorias e adereços); Guilherme Araújo e Antônio Carlos Austregésilo de Athayde (conjunto). Campeã do Grupo 2-A: Arranco do Engenho de Dentro.

4 de março:
Campeã do Grupo 1-A: Mangueira.
Comissão julgadora: Orlando Silveira e Henrique Morelembaum (bateria); Ricardo Tacuchian e Glauco Ferreira (harmonia); Ilmar de Carvalho e Walmir Leal (samba-de-enredo); Eliana Pantoja e Wanda Garcia (evolução); Joãozinho Miranda e Adelson do Prado (fantasias); Alfredo Brito e Ferdy Carneiro (enredo); Jorge Sales e Neuma Quadros (comissão de frente); Ascânio MMM e Haroldo Barbosa (alegorias e adereços); Johnny Franklin e Márcia Rodrigues (mestre-sala e porta-bandeira); Wolf Maia e Olga Savary (conjunto).
Campeã do Grupo 2-B: União de Vaz Lobo.

10 de março:
Supercampeã do Grupo 1-A: Mangueira.
Comissão julgadora: Sebastião Gonçalves e Luiz Anunciação (bateria); Alan Caruso e Turíbio Santos (harmonia); José Louzeiro e Roberto Balay (samba-de-enredo); Paulo Ubiratan e Jane Ilanht (conjunto); Denis Gray e Lourdes Batos (evolução); Edilberto Coutinho e João Baptista Vargens (comissão de frente); Jorge Siqueira e Márcia Barroso do Amaral (mestre-sala e porta-bandeira).

1985 – 17 e 18 de fevereiro:
Os desfiles continuaram sendo em dois dias, mas com uma só campeã e a mesma comissão julgadora.
Campeã do Grupo 1-A: Mocidade Independente de Padre Miguel.
Comissão julgadora: Caíque Botkai e Cláudio Mateus

(bateria); Hélio Rocha e Altamiro Batista (samba-de-enredo); Emanuel Brasil e Anísio Guimarães (harmonia); Nelice Fachinetti e Sônia Vieira (evolução); Mário Petraglia e Cláudio Correa (conjunto); Guiomar Pinheiro e Maria Ridzi (fantasias); Sueli Barbosa e Vera Martins (comissão de frente); Marli Guedes e Alice Colino (mestre-sala e porta-bandeira); Jorge Lage e Rubens Breitmann (alegorias e adereços); José N. Tavares e Rosa M. B. Araújo (enredo).

Campeã do Grupo 1-B: Unidos da Ponte.
Campeã do Grupo 2-A: Independentes de Cordovil.
Campeã do Grupo 2-B: Tradição.

1986 - 9 e 10 de fevereiro:
Campeã do Grupo 1-A: Mangueira.
Comissão julgadora: Sócrates e Sérgio Ricardo (bateria); Edialeda Nascimento e Milton Gonçalves (harmonia); Fernando Bicudo e Paulo Casé (conjunto); Alan Caruso e Alberto Chaves (enredo); Frederico de Moraes e Ângela Gutierrez (comissão de frente); Yara Vargas e Caribé da Rocha (samba-de-enredo); Berta Rosanova e Lélia Gonzalez (mestre-sala e porta-bandeira); Adriano de Aquino e Tereza Gugerlian (alegorias e adereços); Leon Hirshman e Maria Luiza Librandi (evolução); Fernanda Colagrossi e Maria Helena Guinle (fantasias).
Campeã do Grupo 1-B: Unidos do Jacarezinho.
Campeã do Grupo 2-A: Tradição.
Campeã do Grupo 2-B: Império de Marangá.

1987 – 1º e 2 de março:
Esse foi um ano de grandes mudanças. Os grupos perderam as letras na identificação. A responsabilidade do julgamento ficou com a LIESA (Liga Independente das Escolas de Samba), fundada em 1984, e que

assessorava a RIOTUR nos procedimentos dos desfiles. Foi fixado o número de 60 julgadores, 40 efetivos e 20 reservas, sob a coordenação de Hiram Araújo.

Campeã do Grupo 1: Mangueira.

Comissão julgadora: Marco Antônio Lavigne, Djalma Correa, João de Aquino e Wagner Tiso (bateria); Guilherme de Brito, Chico Júnior, Aloísio Alves e Moacir Andrade (samba-de-enredo); Telma Costa, Luiz Gazaneo, Alfredo Brito e Alexandre Cardoso (harmonia); João Baptista Vargens, Regina Braga, Nelson Rodrigues Filho e Raimundo Souza Dantas (comissão de frente); Marília Kranz, Amélia Zaluar, Joca Serran, Rubens Gerchman (alegorias e adereços); José da Paixão, Januário Garcia, Ângelo Labanca, João das Neves (evolução); Eduardo Coutinho, Marina Montini, Ítala Nandi e Miguel Falabella (conjunto); Cláudio Pinheiro, Ivone Maggi, Muniz Sodré e Márcio Souza (enredo); Ferdy Carneiro, Analu Prestes, Biza Viana, Marília Vals (fantasias); Emanuel Batista, Carlota Portela, Pedro Cardoso e Procópio Mariano (mestre-sala e porta-bandeira).

Campeã do Grupo 2: Unidos da Tijuca.

Campeã do Grupo 3: Paraíso do Tuiuti.

Campeã do Grupo 4: Mocidade Unida de Jacarepaguá.

1988 – 14 e 15 de fevereiro:

Campeã do Grupo 1: Unidos de Vila Isabel.

Comissão julgadora: Marcelo Silva, Osmar Pereira Dulce Tupy, Luiz Mendonça (fantasias); Roberto Roney, Ilclemar Nunes, Luiz Olimecha, Carlos Wilson (mestre-sala e porta-bandeira); Sandra Burstin, José Roberto Penteado, Flávio Marinho do Rego, Maurício Salgueiro (alegorias e adereços); Ana Maria Nascimento Silva, Fernanda C. Moro, Rafael D. Santos, Marilda R. Fonseca (comissão de frente); Nivaldo Ornelas, Anselmo Mazzoni, José Maria Flores, Antônio Espírito Santo (bateria);

Berta Nutels, Francisco Moreno, Miguel Renato Macedo Bastos, Edson Cabral (harmonia); Carlos Moura, José Clécio Quesado, Maria Laura Cavalcanti, Afonso Carlos M. dos Santos (enredo); Ronaldo Monteiro de Barros, Eduardo Athayde, Ivan Cavalcanti Proença, João Máximo (samba-de-enredo); Luiz Eduardo Resende, Carlos Alberto Pousa, Cláudio Cunha, Éle Semog (evolução); Mário Cardoso, Stênio Garcia, Aderbal Júnior, Nelson Xavier (conjunto).

Campeã do Grupo 2: Arranco do Engenho de Dentro.
Campeã do Grupo 3: Arrastão de Cascadura.
Campeã do Grupo 4: Leão de Iguaçu.

1989 – 5 e 6 de fevereiro:
Campeã do Grupo 1: Imperatriz Leopoldinense.

Comissão julgadora: Cláudio Mateus, Luiz Carlos Torquato Neto, Téo Lima (bateria); Hilton Prado, Ery Galvão, João Máxino (samba-de-enredo); Gluacemira Maximiniana, Djanira Rosário, Walter Lopes Carvalho (harmonia); Joel Rufino dos Santos, Luiz Eduardo Rezende, Cláudio Cunha (evolução); Ilclemar Nunes, Carlos Wilson, Beatriz Ribeiro Badejo (mestre-sala e porta-bandeira); Henrique de Carvalho, Ricardo Rizzo, Lula Vieira (alegorias e adereços); Regina Gomes de Oliveira, Pedro Ângelo, Mário Cardoso (conjunto); Paulo Coelho, Marcelo Silva, Suely Stambowsky (fantasias); Orlando Miranda, Aníbal Miguel Sá Valle, Maria Elisa Manzolillo (comissão de frente).

Campeã do Grupo 2: Acadêmicos de Santa Cruz.

1990 - 25 e 26 de fevereiro:

Nesse ano foi adotada a denominação de Grupo Especial para as escolas que antes pertenciam ao Grupo 1, que passou a reunir as que anteriormente eram do Grupo 2 e assim por diante. A LIESA criou também o Grupo de Acesso.

Campeã do Grupo Especial: Mocidade Independente de Padre Miguel
Comissão julgadora: Téo Lima, Luiz Carlos Torquato Neto, Luiz Matteus (bateria); Eri Galvão, Saletet Lisboa, Dulce Tupy (samba-de-enredo); Rivaldo Santos, Anselmo Mazzoni, Joãozinho Athayde (harmonia); Luiz Eduardo Rezende, Carlos Pousa, Lula Vieira (evolução); José Cléio Quesada, Sebastião de Oliveira, Rogério Fróes (enredo); Ricardo Rizzo, Aderbal Júnior, Mário Cardoso (conjunto); Paulo Coelho, Maurício Salgueiro, Sara Candal (alegorias e adereços); Suely Stambowsky, Catarina Guedes, Mauro Rosas (fantasias); Orlando Miranda, Raphael David, Maria Eliza Manzolillo (comissão de frente); Beatriz Badejo, Marly Leal, Carlos Wilson (mestre-sala e porta-bandeira).
Campeã do Grupo 1: Unidos do Viradouro.
Campeã do Grupo 2: Leão de Nova Iguaçu.
Campeã do Grupo 3: Acadêmicos da Rocinha.
Campeã do Grupo de Acesso: Vizinha Faladeira.

1991 - 10 e 11 de fevereiro:
Campeã do Grupo Especial: Mocidade Independente de Padre Miguel.
Comissão julgadora: Claudio Matheus, Anselmo Mazoni, Ivan de Paulo (bateria); Selysete Almeida, Mauro Senise, Eri Galvão (samba-de-enredo); Hélio Capucci, Joãozinho Athayde, Denira Rosário (harmonia); Carlos Pousa, Ana Nernachi, Otoniel Serra (evolução) Wilson Gonçalves, Aderbal Júnior, Regina de Oliveira (conjunto); Thimar Garcia, Sebastião de Oliveira, José Clécio Pousa (enredo); Catarina Guedes, Suely Stambowsky, Márcia Barroso do Amaral (fantasias); Miriam G. da Costa,

Raphael David dos Santos, Orlando Miranda (comissão de frente); Roberto Roney, Marly Leal, Beatriz Badejo (mestre-sala e porta-bandeira).
Campeã do Grupo 1: Tradição.
Campeã do Grupo 2: Acadêmicos da Rocinha.
Campeã do Grupo 3: Canários da Laranjeiras.
Campeã do Grupo de Acesso: Unidos de Vila Rica.

1992 - 1° e 2 de março:
Campeã do Grupo Especial: Estácio de Sá.
Comissão julgadora: Cláudio Matheus, Luiz Carlos Reis, Téo de Lima (bateria); Dulce Tupy, Fernanda de Tolda, Rui Maurity (samba-de-enredo); Benvindo Siqueira, Denira Rosário, Hélio Capucci (harmonia); Ana Bermachi, Carlos Pousa, Otoniel Serra (evolução); Aderbal Freire Filho, Mário Cardoso, Regina Gomes (conjunto); Pedro Arídio, José Reginaldo Bastos, Sebastião de Oliveira (enredo); Leda Bastos, Nancy Serves, Suely Stambowsky (fantasias); Maria Elisa Proença, Miriam Glória de Castro, Orlando Miranda (comissão de frente); Ilclemar Nunes, Marly Leal, Roberto Roney (mestre-sala e porta-bandeira); Amaury Sebastião Chaves, Henrique M. de Carvalho, Juciê Mendes (alegorias e adereços).
Campeã do Grupo 1: Acadêmicos do Grande Rio.
Campeã do Grupo 2: Arrastão de Cascadura.
Campeã do Grupo 3: Vizinha Faladeira.
Campeã do Grupo de Acesso: Acadêmicos de Vigário Geral.

1993 – 21 e 22 de fevereiro:
Campeã do Grupo Especial: Salgueiro.
Comissão julgadora: Ivan Paulo, Cláudio Matheus, Luiz Carlos Reis (bateria); Fernanda de Tolda, Dulce Tupy, Eri Galvão (samba-de-enredo);

Rivaldo Santos, Denira Rosário, Joãozinho Athayde (harmonia); Carlos Pousa, Lula Vieira, Joel Rufino dos Santos (evolução); Sebastião Oliveira, Pedro Arídio, Thilmar Jorge Barqueiro (enredo); Heloisa Marques, Aderbal Freire Filho, Ricardo Rizzo (conjunto); Adriana Filardis, Ana Bernacchi, Amauri Sebastião Chaves (alegorias e adereços); Leda Bastos, Catarina Guedes, Suely Stambowsky (fantasia); Orlando Miranda de Carvalho, Raphael David dos Santos, Aníbal La Valla (comissão de frente); Ilclemar Nunes, Tito Canha, Roberto Roney (mestre-sala e porta-bandeira).

Campeã do Grupo 1: Tradição.

Campeã do Grupo 2: Unidos da Vila Rica.

Campeã do Grupo 3: Boi da Ilha.

Campeã do Grupo de Acesso: Mocidade Unida do Andaraí.

Wilma e Benício – Portela – Elegância e talento a serviço do samba

1994 – 13 e 14 de fevereiro:
Campeã do Grupo Especial: Imperatriz Leopoldinense. Comissão julgadora: Irene Orazem, Emanuel Brasil e Tito Canha (bateria); Rui Maurity, Eri Galvão, Joel Rufino dos Santos (samba-de-enredo); Luiz Felipe Ferreira, Joãozinho Athayde, Orlei Gonçalves (harmonia); Lula Vieira, Carlos Pousa, André Lázaro (evolução); J. Flávio de Barros, Bárbara Heliodora, Rentao Ferrari (enredo); Ricardo Rizzo, Marilena Abirached, José Renato Sales (conjunto); Adriana Ferreira, Fernando A. Santos, Maurício Salgueiro (alegorias e adereços); Helô Amado, Elizabeth Nahid, Glória Pires Rebelo (fantasias); Lola Salles, Raphael David dos Santos, Cláudia Costa (comissão de frente).
Campeã do Grupo 1: Unidos da Vila Rica.
Campeã do Grupo 2: Difícil é o Nome.
Campeã do Grupo 3: Acadêmicos do Dendê.
Campeã do Grupo de Acesso: Alegria da Zona Sul.

1995 – 26 e 27 de fevereiro:
Campeã do Grupo Especial: Imperatriz Leopoldinense. Comissão julgadora: Emanuel Brasil, Nilza de Oliveira, Syioma Guerra, Vera Aragão (mestre-sala e porta-bandeira); Stella Pinheiro, Raphael David dos Santos, Armindo Blanco, Cecília Kershe, Eliane (comissão de frente); Cristina Franco, Elizabeth Nahid, Glorinha Paranaguá, Regina Martelli, Regina Gerchman (fantasias); Farid Maruf, João Carlos Moura, Luiz Augusto, Marisa Guimarães e Chica Ganchi (alegorias e adereços); Nato Kandhall, Marifa Habirashed, Ângelo Ferrari, Aderbal Freire Filho, Emílio Kalil (conjunto); Ricardo Castro, José Flávio Pessoa, Carlos La Roque, Carlos Alberto Serpa, Beatriz Resende (enredo); Otoniel Serra, Carlos Pousa, André Lázaro, Lula Vieira, Oscar Bolão (evolução); Passarinho, Lélia Quintanilha, Hélio Capucci, Gustavo Mello e Léa Maria (har-

monia); Beto Vilasboas, Eri Galvão, FRED Góes, William Taranto e F. Rodrigues (samba-de-enredo); Cláudio Matheus, Tom da Bahia, Sérgio Coelho, Henrique Cazes, Nelson Nieremberg (bateria).

Campeã do Grupo 1: Flor da Mina do Andaraí.
Campeã do Grupo 2: Unidos de Vaz Lobo.
Campeã do Grupo de Acesso A: Unidos do Porto da Pedra.
Campeã do Grupo de Acesso B: Acadêmicos do Dendê.

1996 - 18 e 19 de fevereiro:
Campeã do Grupo Especial: Mocidade Independente de Padre Miguel.
Comissão julgadora: Alessandra de Calafiore, Tito Canha, Cristina Martelli, Jaime Aroxa, Lúcia Costa (mestre-sala e porta-bandeira); Sulamita Trecina, Ique, Raphael David dos Santos, Mayse Chebabi, Cláudia Kopke (comissão de frente); Mário Barroso, Catarina Guedes, Tália Paranhos, Carla Roberto, Ana Peixoto (fantasias); Álvaro Fernandes, Lúcia Ribas, Marlene Erssucy, Maurício Salgueiro, Emil Ferreira (alegorias e adereços); Paulo Reis, Luiz Fernando Viana, André Teixeira, Anara Zarur, Rizardo Rizzo (conjunto); Mauro Multedo, Fernanda Guimarães, Sebastião Oliveira, Marcelo Tas, Manoel Castelo (enredo); Edilson Silva, Tereza Frota, Marília Reis, Wilson Coutinho, Lula Bastos (evolução); Moacir My Boy, Denira Rosário, Lídia Veloso, Tutuca Barbosa, Alceu Maia (harmonia); João de Aquino, Glória Bicho, Eri Galvão, Dalma Beloti, Vinícius Sá (samba-de-enredo); Carlos Savala, Jorge Cardoso, Nelson Nóbrega, Flávio Sena, Mário Jorge (bateria).
Campeã do Grupo de Acesso A: Acadêmicos de Santa Cruz.

Campeã do Grupo de Acesso B: Arranco do Engenho de Dentro.
Campeã do Grupo de Acesso C: Boi da Ilha.
Campeã do Grupo de Acesso D: Unidos do Campinho.
Campeã do Grupo de Acesso E: Alegria da Zona Sul.

1997 – 8 e 9 de fevereiro:
Campeã do Grupo Especial: Unidos do Viradouro.
Comissão julgadora: Alessandra de Calafiore, Jaime Aroxa, Lúcia Costa (mestre-sala e porta-bandeira); Sulamita Trexcina, Ique, Maysa Chebabi, Cláudia Kopke (comissão de frente); Márcia Barroso do Amaral, Catarina Guedes, Carla Roberto, Ana Peixoto (fantasias); Álvaro Fernandes, Marlene Erssucy, Maurício Salgueiro, Emil Ferreira (alegorias e adereços); Mauro Multedo, Sebastião de Oliveira, Marcelo Tas, Manoel Castelo (enredo); Edilson Silvam, Tereza Frota, Wilson Coutinho, Lula Basto (evolução); Moacir My Boy, Lídia Veloso, Tutuca Barbosa, Alceu Maia (harmonia); João de Aquino, Eri Galvão, Dalma Beloti, Vinícius Sá (samba-de-enredo); Carlos Savala, Jorge Cardoso, Flávio Sena, Mário Jorge (bateria).
Campeã do Grupo de Acesso A: Tradição.
Campeã do Grupo de Acesso B: Lins Imperial.
Campeã do Grupo de Acesso C: Paraíso de Tuiuti.
Campeão do Grupo de Acesso D: Acadêmicos do Sossego.
Campeã do Grupo de Acesso E: Acadêmicos de Cachambi.

1998 – 22 e 23 de fevereiro:
Campeã do Grupo Especial: Mangueira.
Comissão julgadora: Ângela Cristina Bonisolo, Elizabeth Placereani, Luiz Felipe Ferreira, Rita de Cássia Costa, Vera Maria Aragão (mestre-sala e porta-bandeira); Naum Moisés Ajhenblat, Larissa

Elias, Fernando de Almeida, Maria Eliza Hingsty, Marcus Antonio Miranda (comissão de frente); Cláudia Bertoche, Maria Magdalena Bicalho, Lúcia Reis, Lilian Mussi, Marta Leal (fantasias); Marco Antonio Khair, Marli Crespo, Maria do Carmo Ferreira, Jaime Sampaio, Gláucia Miscow (alegorias e adereços); José Louzeiro, Mário Bruno Manzolillo, Carlos Eduardo Novaes, Antônio Idaló Neto, César T. Honorato (enredo); Cid M. Colei, Luiz Eduardo Lima, Jacqueline Campos, Miriam Rocga, Maureen Drumond (evolução); Miguel J. Gonçalves, Roberto Horcades, Marisa Fonseca, José Renato Batista, Luiz Oliveira (harmonia); Sidney Lobo, Antônio S. Mendonça, Antônio Cyro da Costa, Olney S. Cunha, Marcílio Rodrigues (samba-de-enredo); Ricardo Barbieri, Roberto Sacarambone, Wilson das Neves, Luiz Antônio, Manoel Mello (bateria).

Campeã do Grupo de Acesso A: Império Serrano.

Campeã do Grupo de Acesso B: Unidos do Jacarezinho.

Campeã do Grupo de Acesso C: Inocentes de Belfort Roxo.

Campeã do Grupo de Acesso D: União de Jacarepaguá.

Campeã do Grupo de Acesso E: Boêmios de Inhaúma.

1999 – 14 e 15 de fevereiro:

Pelo regulamento, a comissão julgadora passou a ser formada por cinco jurados para cada quesito. Uma hora antes do desfile, no domingo, foram sorteados três jurados para cada quesito.

Campeã do Grupo Especial: Imperatriz Leopoldinense.

Comissão julgadora: Rita de Cássia Costa, Tito Canha, Ildemar Nunes (mestre-sala e porta-bandeira); Raphael David dos Santos, Cláudia Kopke, Maysa Chebabi (comissão de frente); Lourdes Luz, Sônia Gallo, Dulce Tupy (fantasias); Ricardo

Uzeda S. Braga, Marco Antonio P. da Silva, Maurício Salgueiro (alegorias e adereços); Guilherme Fiuza, Clécio Quesado, Pedro Arídio (enredo); Carlos Souza, Wilson Coutinho, Marília Ferolla (evolução); Roberto Horcades, Luiz Carlos Batista, João Athayde (harmonia); João de Aquino, Cláudio Matheus, Téo Lima (bateria).

Campeã do Grupo de Acesso A: Unidos da Tijuca.

Campeã do Grupo de Acesso B: Acadêmicos da Rocinha.

Campeã do Grupo de Acesso C: Leão de Nova Iguaçu.

Campeã do Grupo de Acesso D: Renascer de Jacarepaguá.

Campeã do Grupo de Acesso E: União do Parque de Curicia.

2000 - 5 e 6 de março:

O regulamento deste ano estabeleceu quatro julgadores por quesito.

Campeã do Grupo Especial: Imperatriz Leopoldinense.

Comissão julgadora: Cláudio Matheus, Mário Jorge, Téo Lima, Ivan Paulo (bateria); Arthur Maia, Eri Galvão, Rui Maurity, Sidney Lobo (samba-de-enredo); Ernani Lopes, Hélio Capucci, Carlos Batista, Roberto Horcades (harmonia); Carlos Pousa, Luiz Eduardo Resende, Marília Ferolla, Otoniel Serra (evolução); Ricardo Rizzo, Maurício Salgueiro, Clécio Quesado, Dulce Tupy (conjunto); Aderbal Freire Filho, Eurico Antônio Calvente, Guilherme Fiuza, Pedro Arídio (enredo); Marco Antonio Pereira da Silva, Mário Fraga, Ricardo Uzeda Saturnino Braga, Rogério Kato (alegorias e adereços); Ana Maria Peixoto, Lourdes Luz, Márcia Barroso do Amaral, Sonia Gallo (fantasias); Anibal Valle, Marly Leal, Rita de Cássia Costa, Tito Canha (comissão de frente).

Apreciando esta alegre, surpreendente e colorida saga do carnaval carioca, lembramo-nos das palavras que Olavo Bilac escreveu no princípio do século... do outro século:

"São gente à parte, quase uma raça distinta das outras. Os que amam o carnaval, como amam todas as outras festas, não são dignos do nome de carnavalesco. O carnavalesco é um homem que nasceu para o carnaval, que conta os anos de vida pelos carnavais que tem atravessado, e que, na hora da morte, só tem uma tristeza: a de sair da vida sem gozar os carnavais incontáveis que ainda se hão de suceder ao Rio de Janeiro pelos séculos sem fim. Que se hão de suceder no Rio de Janeiro, escrevi aí. Porque o verdadeiro, o legítimo, o autêntico, o único tipo de carnavalesco real é o carnavalesco do Rio.

A espécie é nossa, unicamente nossa, essencialmente e exclusivamente carioca: o Rio de Janeiro com seus carnavais maravilhosos, delirantes, inconfundíveis, possui o verdadeiro carnavalesco".

Alguém contestará o poeta ?

EVOÉ, MOMO!

A originalíssima comissão de frente de Carlinhos de Jesus, "Os Bambas do Samba". Mangueira, 1999.

Folião – antes de tudo um sofredor (mas com prazer).

BIBLIOGRAFIA

ALENCAR, Edgar de. *O Carnaval Carioca através da música.* v. I e II. R.J., Ed. Livraria Freitas Bastos 1965.

ARAÚJO, Hiram et alii. *Memória do Carnaval.* R.J., Oficina do Livro Editora e Livraria, 1991.

ARAÚJO, Hiram. *Carnaval – Seis milênios de História.* R.J., Ed. Gryphus, 2000.

EFEGÊ, Jota. *Figuras e Coisas da Música Popular Brasileira.* v. I e II. R.J., Ed. Funarte 1979.

EFEGÊ, Jota. *Figuras e Coisas do Carnaval Carioca.* R.J., Ed. Funarte, 1982.

MORAES, Eneida de. *História do Carnaval Carioca.* R.J., Ed. Record, 1987.